지극히 개인적인 미니멀 라이프

나는 내 마음대로 살기로 했다, 그 시작

2016년 1월, 그 전과 다를 바 없는 서른넷을 맞았다. 결혼한 지 햇수로 6년 차. 신혼이라고 하기에는 살짝 닳아버린 느낌이지만 적당히 후끈거렸고, 방송작가가 된 지는 12년 차. 대단한 프로 작가는 아니고 그냥저냥 밥은 먹고 사는 상태였다.

그 당시의 나를 활활 불태웠던 건 쇼핑 욕구와 월급의 95%를 차지하는 카드 값뿐. 월급이 들어오는 날은 카드값 잔치의 날이었다. 선결제로 4개의 카드값을 알차게 정리한 뒤 다음 월급날까지 가계부를 채워 가는 맛이란. 보통 가계부는 예산을 짜고 그 예산

안에서 생활을 알차게 꾸려가기 위해 쓰는 것인데, 나에게 가계부란 카드값 누적을 확인하는 용도로만 쓰였다.

월급과 카드값이 같아질 때 나는 왜 희열을 느꼈을까. 그와 함께 스스로가 한심하고, 불안하고, 이렇게 살면 안 된다는 자책은 삼단콤보였지만, 그럼에도 불구하고 '내가 번 돈 내가 다 탕진하는데 누가 나를 비난하는가' 하고 외쳤을 뿐이다.

보통 새해가 되면 영어공부나 다이어트, 저축 뭐 이런 것을 다짐하는데, 2016년 1월의 나는 그 어떤 다짐도 하지 않았다. 어차피 지키지도 못할 다짐을 해봤자 얻는 것이라곤 자괴감뿐이니까. 노력조차 하고 싶지 않은 상태였기에 일부러 비관적인 기사만 찾아 읽었다.

이번 생은 망했어요, 청춘의 비애, 나만 이렇게 답 없이 사는 건 아닐 거야, 티끌 모아 티끌이다 같은 주옥같은 명언에 박수를 보내면서. 그런데도 입안이 깔깔한 게 뭔가 달라져야 한다, 계속 이렇게 한심하게 살 수 없다는 생각이 들었다.

사실 그런 생각은 꽤 오래 전부터 했지만 아무리 저축을 결심하고 절약을 해봤자 돌아오는 건 지난달을 능가하는 카드 값뿐이라서. 절약의 요요는 다이어트 요요를 능가하는 것이란 깨달음을 여러 번의 실패를 통해 겪었기에 답답하기만 했다. 절약이 뭐길래, 네가 뭔데 날 이렇게 스트레스를 받게 만들어? 스트레스는 정말 무서운 놈이라 살도 찌우고 돈도 쓰게 만든다.

그때, 서점 사이트에서 발견한 책이 사사키 후미오 씨의 『나는 단순하게 살기로 했다』였다. 책 선전 문구부터 아주 대단했다. '물건을 버린 후 찾아온 열두 가지 놀라운 인생의 변화.' 한 가지도 아니고 두 가지도 아니고 무려 열두 가지씩이나. 책을 보면서 경악을 금치 못해 부들부들 떨었지만 바로 구매하진 않았다. 평소의 나 같으면 일 분 만에 샀을 텐데, 책 소개를 쭉 훑어보니 물건을 소유하지 말라는 얘기 같길래 '이 책을 산다는 것 자체가 소유 아냐? 이 무슨 아이러니란 말인가?' 하며 꽤 오래 노려보기만 했다.

책은 무조건 사서 보자는 주의이고, 취미에 독서라고 쓰는 인간이라 책을 두고 이렇게 오래 고민해본 적은 처음이었다. 시시때때로 인터넷에 접속해 그 책을 읽고 많은 것이 달라졌다는 간증에 친구들과 책 광고를 공유하면서 비아냥거리길 한 달. 설날 연휴를 앞두고 퇴근하는 버스 안에서 이 책을 주문했다.

그리고 그다음 날부터 내 인생이 달라졌다. 열심히 읽었고, 사사키 후미오 씨를 내 영혼의 짝꿍으로 여기게 됐다. 과거 엄청난 호더hoarder였고, 나와 같은 고민을 하던 사람이었기에. 이래서 샀고, 저래서 샀고, 그래서 집은 좁아터지고, 사면 살수록 통장은 텅장이고, 미래는 막막하고. 나 이러다 노후에 폐지 전쟁에 참여해서 장렬히 전사하지 않을까 하는 두려움. 그래, 나도 이래. 맞아, 맞아 손뼉을 치다가 나는 물건을 버리기로 했다. 버렸더니 마음의 평화를 얻었다길래.

시즌마다 옷이나 물건 정리를 하긴 했지만 사사키 후미오 씨가 말하는 버리기는 단순한 정리의 개념이 아니었다. 아까워서, 소중해서, 몰라서 이고 지고 사는 물건들을 과감히 정리하는 것을 말했다.

처음에는 아무 생각도 안 하고 신나게 버렸다. 특히 출근 지각을 불사하며 물건을 내다 버리기에 급급했고, 버리는 것이 사는 것만큼이나 달콤한 일이라는 걸 깨달았다. 블로그에 매일매일 버린 것을 의기양양하게 자랑했고, 맥시멀리스트 쇼핑 대장은 하루아침에 버리기 대장으로 다시 태어났다. (이 정도에서 얘기가 끝난다면 너무 단순하잖아? 인간의 삶이란 그렇게 단순한 것이 아니다.)

미니멀리스트란 '물건을 버림으로써 인생에서 정말 소중한 것이 무엇인지 아는 사람'이라고 했다. 나는 버리기까지는 너무 쉬웠지만, 버리고 또 버리면서 점점 버릴 것이 줄어들자 불안하고 초조해졌다. 더는 버릴 게 없는데 소중한 걸 찾지 못하면 어떡하지? 사사키 후미오 씨는 마음의 평화를 얻었다는데, 나는 또 다른 불안만이 들끓었다. 어떻게 살아야 하지? 나는 누구지? 사뭇 철학자처럼 혹은 사춘기 소녀처럼 질풍노도의 시기를 보냈다.

이 책은 그 시기 동안 내가 어떤 고민과 어떤 합리화를 했는지, 어떻게 이겨내고 어떻게 해석했는지, 그래서 어떤 결론을 내리고 어떤 방향으로 걷게 됐는지에 대한 기록이다.

나는 대단한 미니멀리스트도 아니고 여전히 쇼핑을 사랑하는, 샤넬에 환장하는 무늬만 미니멀리스트다. 인류의 평화와 북극곰을 위해서 지구 환경에 기여 하는 인간도 아니고, 그저 평범한 삼십 대 주부이자 국가 경제에 나름 이바지하는 인간으로서 나와 같은 고민을 하는 이들에게 등대 같은 환함까지는 아니더라도 작은 반딧불의 반짝임 정도는 되어 주고 싶다.

따라오다 자신의 길을 갈 수 있기 바란다. 처음부터 끝까지 함께 가기에 당신과 나는 각자의 인생을 살아가야 하니까. 같이, 또 각자 가봅시다. 이 책을 읽고 당신 영혼의 짝꿍이 되면 좋겠지만 필요 없다면 라면 받침대로 쓰지 말고 과감하게 정리해주길 바라 마지 않는다. 나의 미니멀 라이프를 한 줄로 표현하자면 이렇다.

나는, 내 마음대로 살기로 했다.

작가 정 우 빈

차례

프롤로그

에필로그

지극히 개인적인 미니멀 라이프

너처럼 살고 싶어 나는 쇼핑을 했다
● ● ● ● ● ●

    매일 아침 눈을 뜨면 희한하게도 필요한 물건이 떠오른다. '이걸 사야겠어. 그래, 이게 필요해' 하고 번뜩 아이디어가 떠오르듯 말이다. 출근하기 싫은 만큼 쇼핑에 소비하는 시간은 길어진다. 그럼에도 불구하고 오늘도 출근하는 건 쇼핑으로 빚을 졌기 때문이다. (나만 이런 건 아니잖아.) 쇼핑을 하고, 카드값을 채우고, 카드값을 해결하기 위해 회사에 다니고.

하물며 나는 메인 직업이 홈쇼핑 작가다. 대한민국 1등 홈쇼핑이라는 타이틀을 자랑하는 곳이라서 '세상에 이런 물건이 있었다니' 싶은 것들을 어마어마하게 판매한다. 나의 쇼핑 아이디어라는 건 독창적인 아이디어가 아닐 수도 있다. 전날 고민했던 제품 때문일 수도 있고, 지난달 론칭한 제품 때문일 수도 있다.

오늘이 마지막 세일 기회!
원데이 특집!
단 한 번의 메가 세일!

생전 처음 본 물건인데도 회의에 들어가 광고문구를 쓰기 시작하면 마치 신내림이라도 온 듯 그 물건을 사게 된다. 더불어 그 물건보다 더 나은 혹은 더 싼 물건까지 검색하면서 말이다.

어쩌면 내 직업의 문제인 것 같기도 하지만 나는 쇼핑을 할 때 살아 있음을 느낀다. 물 만난 고기처럼 '쇼핑은 나의 힘'을 외치며 걸어가는 와중에도, 지하철을 타고도 검색은 끝나지 않는다. 그리고 목표하는 물건을 발견하는 즉시, 무엇에 쫓기는 사람처럼 결제 버튼을 꾹 누른다. 오늘은 추가 할인 혜택이 있지? 난 알뜰하다니까. 회심의 미소까지 지으며 재빠르게 구매한다.

혹시라도 필요하다는 마음이 변할까 봐 걱정되었던 걸까. 늘 그렇게 쫓기듯 무언가를 샀고, 사고 또 샀다. 하루에 택배가 열 번도 넘게 온 적도 상당하다. 당연히 회사에 도착해서도 구매는 끝나지 않는다. 나를 둘러싼 열 개의 TV에서는 온갖 상품의 방송들이 쏟아져 나오고, 내 자리뿐만 아니라 자리 여기저기에 판매 중인 물건, 판매할 물건이 그득그득 쌓여있다.

* * *

임직원 할인, 패밀리 세일, 홈쇼핑 작가라서 누릴 수 있는 수많은 구매 찬스. '오늘 사지 않으면 바보라니까 바보'라는 소리를 서로 하면서 어떻게 쓰는 물건인지도 모르는 물건까지 저렴한 가격에 주문할 때의 희열이란. 그럼 행복했냐고?

내 기분은 늘 희열과 후회를 반복했다. 끝없는 택배 도착 문자와 퇴근 후 집 앞에 쌓여있는 물건 상자를 바라볼 때마다 뭐라고 해야 할까. '도대체 이게 다 뭐야? 이 상자들을 언제 다 뜯어서 정리하지?'라는 생각만 들 뿐이었다.

가끔은 기다리던 물건이 와도 박스 테이프를 뜯는 순간 원래 있었던 것인 마냥 금방 시들시들. 당장이라도 사지 않으면 큰일이라도 날 사람처럼 물건을 주문한 주제에 무엇을 샀는지도 기억하지 못하고, 입고지연 문자가 와도 어떤 물건이 왜 늦는지 인지하지 못한 날도 많았다.

나는 왜 이렇게 많은 물건을 샀던 걸까. 내 삶이 건재하고 잘 산다는 걸 보여주고 싶었던 걸까. 누군가 탐나는 명품 가방을 샀다 치면 그게 그렇게 부럽지는 않았다. 다만, 그런 날에는 잡다한 물건들을 유독 많이 샀던 것 같다.

비록 그 가방을 살 수는 없으나 나에게도 무언가를 살 능력이 있다는 것을 누군가에게 증명하듯이 물건을 샀던 건 아니었을까. 나는 네가 아닌데, 너처럼은 못 살아도 내 나름대로 잘산다는 걸 보여주고 싶었을지도 모른다.

* * *

어느 날 아침의 일이었다. 대략 2015년의 8월쯤. 그날도 평소와 같은 아침이었고, 나는 샤워를 하면서 여느 때처럼 오늘 무슨 물건을 살지 생각했다. 그런데 샤워를 마치고 욕실 문을 열었을 때 확 느껴지는 심한 불쾌감. 뭐가 이렇게 지저분하지? 뭐가 이렇게 많은 거야?

며칠 전만 해도 잠을 이루지 못할 만큼 갖고 싶던 장식품들이었다. 인터넷에 소개된 집들처럼 아기자기하고 귀여운 소품들로 집안을 장식하고, 소파에는 계절에 딱 맞는 쿠션을 올려놓은 것뿐이었는데. 갑자기 그 모든 것이 지긋지긋하게 느껴졌다.

그래서 그날 이후로 물건을 사지 않았냐고? 절대 그럴 리가. 그때는 그 불쾌감이 수많은 물건 때문에 느껴지는 감정이라는 것조차 인지하지 못했다. 다만, 새로운 인테리어 소품으로 바꾸면 나아질까, 이것 말고 다른 무엇을 사야 좀 더 집을 깔끔하게 꾸밀 수 있을까, 하는 생각만 했을 뿐이었다.

우리 집은 겉으로 보기에 절대 지저분하지 않다. 감각적인 소품으로 잘 꾸민 아기자기한 집이고, 나 또한 그렇게 생각했다. 물론 남편은 표현하지 않아도 내가 꾸며놓은 공간이나 쌓아놓은 옷들, 베란다 가득 버리지 않아 터질 것 같은 택배 상자들을 보고 한숨을 쉬기는 했다.(나중에 언급하겠지만 내 남편은 제법 미니멀리스트다.) 나는 그런 남편이 그저 야속할 따름이었다.

새로운 집으로 이사를 한 후에도 집안 꾸미기에 여념이 없었다. 인테리어 잘하는 블로그 이웃을 따라서 그와 똑같은 소품을 구매하기도 했다. 하지만 우리 집은 그 이웃의 집이 아니니까. 똑

같은 물건을 따라 산다고 해서 그 집과 똑같은 분위기가 나는 것은 아니니까. 기대하며 샀던 물건들은 집을 더 지저분하게 만드는 애물단지가 되고 말았다.

그 후 그 물건을 버렸냐고? 난 아무것도 버리지 않았다. 나에게 버린다는 개념은 몇 개월 전만 해도 전혀 탑재되어 있지 않았으니까. 그저 어떻게 하면 더 예쁜 물건을 사서 집안을 그럴듯하게 꾸밀 수 있을까, 고민만 했다.

* * *

나는 생활의 모든 것을 소비로 해결하려 했다. 살을 빼기 위해서는 당장 먹는 음식의 양을 줄이거나 운동을 시작하면 된다. 물건이 마음에 들지 않으면 반품을 하거나, 누구를 주거나, 버리거나, 되팔거나 등의 다양한 선택지가 있다. 그런데도 나는 그저 다이어트 식품을 끝없이 사고, 또 다른 물건을 사다 나르기에 바빴다.

그러다 2016년 미니멀 라이프라는 새로운 삶의 방식을 접하게 됐다. 버리다 보면 자연스레 소중한 것을 알게 된다길래 광신도처럼 그 말을 믿고 그날부터 버리기에 들어갔다. 소중한 것도 알게 되고 물건도 정리하니 일석이조라 스스로 말하면서.

첫 달은 참으로 잘 비웠다. 선배 미니멀리스트들의 조언을 성실하게 따라 했다. 아주 우등생답게 매일매일 의기양양 수십 개, 수백 개를 버리고 버렸다는 포스팅을 했다. 다음 달은 인앤아웃을 부르짖으며 필요하나 미적으로 아름답지 못한 물건을 좋은 물건으로 바꿨다. 그런데 그게 너무 과했다.(한동안은 우유 한 통 사는 데도 온갖 죄책감을 느껴야 했다.)

이게 과연 미니멀 라이프가 맞는 거야? 하는 의문이 들었다. 그렇지만 포기할 수는 없었다. 버리면 정말 소중한 걸 알게 된다고 했으니까. 거의 반년을 머리 싸매고 괴로워하다 나름대로 결론 비슷한 걸 얻게 되었다.

'더 이상 남들처럼 사는 것에, 쇼핑하는 것에 집착하지 않겠어. 물건이든 인생이든 내 마음대로 살 거야. 진짜.'

정리하다 보니 내가 사들인 물건 중에 내가 절실히 갖고 싶었던 건 거의 없었다. 그래서 버리는 게 세상 쉬웠나 보다. 그저 남들이 가져서, 다들 사니까, 있으면 감각 있어 보이니까. 쿨한 척 마이웨이를 그렇게 부르짖으면서 그 누구보다도 남을 의식하고 살아왔다는 걸 이제서야 인정하게 됐다.

*　*　*

　나는 항상, 무조건, 남보다 못한 게 싫었다. 평범한 중산층 가정의 무남독녀 외동딸로 태어나 내 주위 사람들이 가진 것 대부분을 가질 수 있는 삶을 살아왔다. 서울에 있는 보통의 대학을 나와서 돈은 안 돼도 작가 선생님이라고 불리는 일을 가졌다. 그리고 이십 대 후반에 결혼도 했다.

　모든 것이 보통대로, 세상이 정한 이치대로 살면서 나는 보통의 잣대에 집착하기 시작했던 것 같다. 나이가 들면서 만난 넓은 세상에는 당연히 나보다 잘살고 잘난 사람들이 존재했다. 그것도 내 주변에만 엄청 많은 것처럼.

누군가를 부러워하며 사는 것이 나를 가장 힘들게 했다. 그래서 그들처럼 살지 못할 바에야 물건이라도 내 마음껏 사자 싶었던 걸까. 물건값을 카드로 결제하는 순간 나는 능력 있는 사람이 된 것 같은 착각에 빠져 살았다. 하지만 내게 남는 건 매달 허덕이는 카드 값과 그로 인한 스트레스뿐.

'이제 이번 달은 돈을 못 쓰네. 그럼, 이거 만원이니까 하나만 사야겠다. 아, 이거 할인하니까 할인하는 것만 사야겠네. 임직원 할인되니까 이거라도 사야지.'

이런 식으로 나는 남들처럼 잘살고 있다고 나 자신을 속이며 위로했다.(그놈의 '남들처럼'이 뭔지도 모른 채.) 이제는 그런 게 아무 의미가 없다고 생각한다. 나는 이미 충분히 잘살고 있고 지금 행복하니까. 그래서 나는 변했다고 자신 있게 말할 수 있다.

많은 것이 예전과 다를 바 없어 보여도 분명 많은 것이 변했다. 누군가를 의식하고 부러워하는 마음은 내게, 우리 가족에게 조금도 도움 되지 않는다는 것을 깨달았기 때문이다. 매일 쌓이는 택배 상자가 행복을 가져다주는 것이 아니었다.

　나는 늘 이 순간을 즐겁게 살자고 외쳤다. 하지만 현실은 불안과 우울과 알 수 없는 미래에 대한 걱정으로 가득했고, 그 감정들이 물건으로 쌓여 우리 집을 잠식하고 있었던 것이다. 이제라도 오롯이 내 인생을 즐기며 살고 싶다. 사랑하는 내 가족들과 여유로운 공간에서 가벼운 몸과 마음으로 이 순간에 충실한 내 인생을 살아야지. 다시 한번 또 결심.

좋아하는 것이 내 삶이 된다

● ● ● ● ● ●

십 대 시절 명확한 장래희망이란 건 없었다. 다소 멍청한 생각까지도 서슴지 않았는데, 고3 때 담임교사 선생님의 환멸 어린 얼굴은 아직도 잊히지 않는다. 강남 복부인이 되고 싶다는 게 뭐 어때서. '이왕이면 돈 많은 남자랑 결혼해서 출근 안 하고 이래저래 놀면서 살고 싶어요'라고 덧붙이자 치를 떠는 얼굴을 했다.(선생님 잘 지내시나요? 저는 제 꿈을 이루지 못했답니다.)

내가 되고 싶은 건 어떤 직업이 아니었다. 그 당시의 난 강남 부자나 강원도 부자나 비슷한 수준이라 여기는 순진한 소녀에 불과했고, 그런 내가 바란 건 여유롭고 편안한 삶이었다. 이를테면 아침 일찍 출근 따위 절대 안 하는.

초·중·고 12년을 매일 아침 일곱 시에 일어나서 학교에 갔다. 단 한 번도 지각하지 않았지만 매일 아침이 참 지옥 같았다. 날이 더워서, 날이 추워서, 비가 와서, 눈이 와서 학교에 가기 싫었는데, 부모님 아래 있던 십 대의 나는, 얇디얇은 교복 한 장에 몸을 맡긴 채 콩나물시루 같은 버스에 매일 몸을 실었을 뿐이다.

그때 결심했다. '어른만 되어 봐라, 매일 출근하는 거 절대 안 할 거야.' 하지만 강남 복부인의 꿈은 애초에 글렀다는 걸 눈치챈 나는, 프리랜서로 꿈을 바꿨다. 매일 출근도 안 하고, 자유롭게 일할 수 있는 프리랜서. 참 막연하게도 꿈꿨다. 그리고 꿈은 이루어진다니까. 나는 현재 프리랜서 작가 14년 차가 되었다.

* * *

현실이야 팍팍했다. 프리랜서는 프리 리스가 되고, 작가는 잡가가 됐다. 그런데도 나쁘지 않았다. 프리랜서는 매일 아침 출근을 안 하니까. 방송이 끝나면 몇 개월을 내리 백수처럼 지내기도 했고, 돈이 없으면 없는 대로 방구석을 나머지처럼 뒹굴뒹굴하며 '내 인생 마음에 들어'를 외쳤다.

이게 미니멀 라이프와 무슨 상관인가 싶다면 합당한 의구심이겠지만, 자세히 들여다보면 연관이 크다. 나는 미니멀 라이프를 접하면서 나 자신과 참 많은 대화를 나눴다. 어떤 날은 화가 났고, 어떤 날은 이해가 안 갔으며, 어떤 날은 한심해서 죽을 것 같았다. 하지만 나는 나를 사랑하기에 포기하지 않았다.

'도대체 넌 어떤 사람이야? 앞으로 어떻게 살고 싶은 거야?' 수시로 묻다 보니 문득 깨달음이 왔다. 내가 살고 싶은 삶은 내 마음대로 사는 삶이라는 걸. 그리고 나는 생각보다 꽤 오래전부터 내 마음대로 살아왔다는 걸 알았다. 사회나 부모가 짜준 전체적인 틀에서 어긋난 적은 없지만, 그 안에서 크든 작든 내가 직접 선택하지 않은 건 없었으니까.

좋아하는 건 했고 싫은 건 쳐다도 안 봤다. 만약 내가 싫은 걸 잘 참는 인간이었다면 지금보다 훨씬 더 그럴듯하게 살 수도 있었을 것이다. 하지만 난 지금의 내 삶이 마음에 든다.

내가 삶의 방향을 잃은 건 오로지 '물건' 때문이었다. 마이웨이를 외치는 삶이지만 내 주위에는 하나 같이 돈 많고 쇼핑을 사랑하는 사람들뿐이라서. 그렇다고 그 사람들 잘못이란 얘기는 절대 아니다. 나와는 수준이 다르다는 걸 나 스스로가 인정하지 못한 결과였을 뿐이다.

물론 그 당시에는 이런 생각은 아예 하지도 않았을 뿐 아니라 엄청난 소비조차도 지극히 내 취향에 맞는 필요한 것만 샀다고 자신했다. 그러나 미니멀 라이프를 접하고 나 자신과의 수많은 대화를 통해 나답지 않게 살아서 괴로웠다는 걸 깨달았고, 이제라도 깨닫게 되어 천만다행이란 생각이 들었다.

* * *

요즘 나는 그 어떤 때보다 적극적으로 내가 하고 싶은 일을 하고, 만나고 싶은 친구를 만나며, 살고 싶은 남자와 살고 있다.

"넌 참 대단하다. 어떻게 너 하고 싶은 대로만 하고 살아?" 라고 종종 묻는 사람들이 있는데, 나야말로 궁금하다. '왜 네 인생을 네 뜻대로 살지 않아? 혹시 말도 안 되는 카드값과 소비 욕심 때문이니? 그런 거라면 미니멀 라이프를 권하고 싶다.'

거의 몇 년간 입만 열면 카드값 한탄에 돈타령이 전부였다. 아주 지긋지긋한 인간이 바로 나였다. 블로그에는 하루도 빠짐없이 쇼핑한 것과 자기 합리화로 이어진 글을 써댔다. 쇼핑은 남들이 사는 걸 따라 사는 게 맞이고, 남들이 가진 걸 나도 갖는 게 미덕이라 믿었다. 하지만 쇼핑에 푹 빠져 살 땐 뭐가 문제인지도 모른 채 그저 힘들기만 했다.

'갖고 싶은데 어떡해? 필요한 것 같은데 어떡해? 친한 언니들 다 샀는데 어쩌라고. 나만 없어.'

그래서 질렀고, 카드값은 온전히 나의 몫이었다. 월급이 너무 적은 탓이라고 회사를 탓한 적도 있고, 왜 내 남편은 억대 연봉이 아니냐며 남편 욕을 한 적도 있다.

그러나 그렇게 해서 가진 물건들이 진짜로 갖고 싶었는지, 정말 필요했던 거냐고 묻는다면 고개를 푹 숙이게 된다. 그래서 다 버렸다. 쓰레기봉투에 몇천만 원어치를 쏟아 버렸다. 아깝기도 했지만 커다란 교훈을 깨달았으니 수업료 낸 셈이라 쳤다.

버리고 또 버리다 보니 정말 내가 갖고 싶고, 내게 필요한 물건들만 남는 게 보였다. 버리려고 매일 하기 싫은 출퇴근을 했나 하는 자괴감마저 들었다. 그렇게 내 마음대로 산다고 잘난 척한 주제에 소비만큼은 남들처럼 못 해서 안달이었다니.

물건도 내 인생처럼 선택하기로 했다. 나의 미니멀 라이프는 그런 거다. 좋아하는 것만으로 이루어진 삶을 사는 것. 물건이든 인생이든 내 마음대로. 내가 좋아하는 일만 하고, 내가 좋아하는 사람만 만나는 것처럼 물건도 내가 갖고 싶은 것만 갖는 삶.

당신의 삶이 변화되길 원한다면 미니멀 라이프를 강력하게 추천한다. 당장 큰 깨달음을 얻어 퇴사하거나 천직을 알게 되는 건 아니지만 분명 무언가를 알게 될 것이다. 적어도 내가 소중하게 생각하는 것이 무엇인지, 목숨 걸고 출근한 게 그 물건들 때문인지, 목숨 걸 만큼 가치 있는 소비를 했는지 생각하게 될 테니까. 또 아무리 고민해도 무엇 하나 버릴 물건이 없다는 결론이 난다면 지금 잘살고 있는 것이니 안심해도 된다는 위로를 얻게 될 것이다.

잊지 말자, 아주 작은 잡동사니더라도 내가 선택하지 않은 건 하나도 없다는 사실을 말이다. 주체적 선택이었던 어쩔 수 없는 선택이었던 어쨌든 간에. 지금 당장 핸드백 속 물건부터 정리를 시작하자. 그리고 섭섭해하지 말자. 다 비운 뒤에는 당신이 좋아하는 것으로만 채우는 기쁨이 기다리고 있으니까. 평정이라던가, 여유라던가, 통장 잔액이라도.

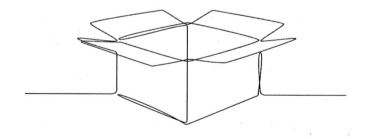

미니멀 라이프는 쉽다,

잘하는 것만 하는 인생처럼

● ● ● ● ● ●

꽤 많은 사람이 미니멀 라이프를 시도하지만, 평소의 습관으로 금방 되돌아가고 만다. 블로그에 미니멀 라이프를 시작한다고 썼을 때도 몇 년간 나의 소비 작태를 지켜보던 이웃님들은 박수를 보내기보다는 먼저 의심하기 바빴다.

– 그래, 열심히 버려. 다 버리고 또 새로 사면 되겠네.

– 미니멀 라이프? 그거 며칠 동안이나 하는 거야?

– 일단 응원은 하겠지만 너무 무리하지 마세요.

기분이 좋은 건 아니었지만 나도 같은 생각을 했기에 반박할
여지가 없었다. 그러나 현재는 미니멀리스트 4년 차이며, 이런 나
에게 지혜를 나눠 달라고 하는 사람도 생겼다.

일단 가장 먼저 짚고 넘어갈 것은 미니멀 라이프는 며칠만 하
는 게 아니다. 봄맞이 대청소와 혼동하면 안 된다. 집안을 정리정
돈 하고 물건을 버리는 행위 자체는 같을지 몰라도 라이프는 인
생이란 뜻이잖아? 미니멀 라이프란 정말 필요한 것만 가지고 살
아가는 것이다.

무엇보다 미니멀의 기준은 남들의 기준이 아니다. '나 스스
로가 소중한 것이 무엇인지 아는 인생' 정도로 생각하면 좋을 것
같다. 소중한 것이 무엇인지 알기 위해 버리는 과정이 필요할 뿐
버리는 행위 자체에 너무 올인하지 않도록 주의하는 것도 잊지
말 것.

* * *

    쇼퍼홀릭이었던 내가 어떻게 미니멀리스트가 되었을까? 지금도 소비 합리화가 특기인 무늬만 미니멀리스트일 수도 있으나 비교의 대상은 오직 과거의 나 자신이니까. 어떻게 과거와 현저히 달라졌는지 생각해 보면 나에게 어렵지 않아서였다. 만일 노력이 필요하거나 어려운 일이었다면 당장 그만뒀으리라 자신있게 말할 수 있다.

    나 자신에게 좋은 것만 하려 하는 나에게 '노력' 이란 입력되지 않은 키워드 같은 거였다. 나는 어렸을 때부터 '노력' 이란 단어와 친하지 않았다. 반성문을 쓸 때도 다른 애들처럼 다시는 그런 실수를 하지 않도록 '노력하겠습니다' 라는 말은 하지 않았다. 저지르지 않을 수 있는 일이라면 애초에 하지 않았을 테니까. 늘 표현하기를 '노력할 수 있도록 노력은 해보겠습니다' 정도.

    그런 태도가 내 인생을 어떻게 이끌었는지 이어가자면 공부에서도 노력하지 않은 건 마찬가지였다. 그저 재밌게 느껴지는 과목만을 재미 삼아 했고, 못하는 과목은 철저히 외면했다. 결과는 불 보듯 뻔했다.

그렇다고 좌절은 하지 않았다. 원하는 대학에 떨어졌다는 것
보다 내게 중요한 건 서울로의 진학이었으니까. 백 퍼센트 문과
생인 나는 서울 입성을 위해 공대로 진학했다. 잘하는 것만 하고
싶은 인생에서 엄청나게 잘못된 선택을 했지만, 이제 생각하면
그것도 다 잘한 선택 같다.(사실 나는 자기 합리화의 달인이다.)

대학에 들어가서는 수업을 밥 먹듯이 빼 먹었고, 학사 경고
를 누적 3회 맞았으며, 계절 학기를 풀타임으로 듣고서야 졸업
을 했다. 그런데도 잘한 선택이라고 말하는 건 학사 경고와 바꾼
4년이었지만 대학 졸업장을 얻었고, 지금의 직업을 갖게 됐으니
까.(동기들처럼 박사가 못되고 약사가 못되면 어때.)

나는 작가가 됐다. 공대 출신의 방송작가. 그리고 지금은 프
리랜서 작가다. 대학 시절 내내 연예인을 좋아했다. 학교 공부에
뜻이 없다 보니 열정적으로 빠지게 됐다. 팬 문화라는 것도 접하
고, 그들을 주인공으로 한 소설을 열심히 읽었으며, 읽다 보니 직
접 쓰게 됐다.

처음부터 글을 잘 쓰는 건 아니었다. 잘 쓰든 못 쓰든 쓰는

게 재밌었고, 내가 재밌어 쓰다 보니 좋아해 주는 사람들도 생겼다. 나중엔 제법 돈이 돼서 일 년 치 등록금을 벌기도 했다. 그때 본능적으로 알았다. 좋아하는 것만 해도 먹고 살 수 있겠구나.

연예인을 좋아하고 글 쓰는 걸 좋아하는 이유로 방송작가가 되기로 했다. 매일 출근하는 것도 아니니 천직이라며 예능 작가를 5년쯤 했다. 그 후 내 눈에 아이돌 그룹 비주얼 센터처럼 생긴 남자와 결혼했으며, 결혼 후 홈쇼핑으로 종목을 바꿨다. 물론 그

당시에는 쇼핑을 좋아했기에 홈쇼핑 작가는 나의 천직이라고 믿어 의심치 않았다.

이런 얘기를 구구절절 늘어놓는 건 나란 인간의 삶 자체가 내가 좋아하는 것만 하고, 내가 잘하는 것만 하려고 한다는 얘길 하고 싶어서다.

* * *

미니멀 라이프는 내 적성에 맞았다. 만약 미니멀 라이프가 끊임없는 노력을 요구했다면 내가 지금 이런 글을 쓰고 있는 일은 애초에 없었을 것이다. 여전히 카드를 남발하고, 다음 달 수입이 얼마인지 골머리를 앓고, 이 나이에 한 달 저축 십만 원이 어렵다는 사실에 자괴감을 느낄 테고. 그런데도 달라지려는 노력은 안 했으리라 자신한다.

그저 버렸다. 버리는 건 내게 전혀 어려운 일이 아니었다. 만일 내가 정말 고민을 거듭해서 산 것들이라면 어려웠을 수도 있겠지만 대부분 순간의 감정에 휩싸여 산 거라서, 남들이 다 사길래 산 거라서, 세일 하길래 산 거라서, 있는지도 몰랐고 누가 나한테 줬는지도 모르는 그런 것들에 애정이 있을 리가 만무했다.

버리는 건 사는 행위만큼이나 내게 희열을 안겨줬고, 제일 주의해야 하는 버리기를 위한 버리기까지도 망설임이 없었다. 처음에만 미니멀 라이프 우등생이었고, 나중에는 거의 광신도 수준이 돼서 '무조건 갖다 버려'라는 말을 입에 달고 사는 수준에 이르렀다.

소위 미니멀 라이프의 각종 부작용에 다 시달려봤는데, 그럼에도 불구하고 예전처럼 사는 것보단 훨씬 낫다는 걸 알았다. 적어도 카드값 걱정은 하지 않아도 되니까. 그리고 카드값이 덜 나가니 저축도 자동으로 하게 되니까.

소소한 노하우를 나누자면 정말 필요도 없는 물건이 그저 갖고 싶을 땐 이런 생각을 해보면 좋겠다. 내가 이걸 사려면 몇 시간을 일해야 하는지, 십만 원을 벌려면 몇 시간을 소요해야 하며, 그 물건이 그 정도의 노력과 바꿀 가치가 있는 것인가에 대해서 말이다.

정말 갖고 싶은 거라면 천만 원짜리를 산다고 해도 말릴 생각은 없다. 예전의 나라면 '고민할 시간에 사고 말지, 그렇게 아껴서 뭐 할래?' 라고 말했겠지만. 그렇다고 무조건 아끼라는 말은 절대 아니다. 미니멀 라이프를 절약과 혼동하는 사람도 있는데, 정답은 없지만 적어도 나의 미니멀 라이프는 절약과는 일억 광년만큼이나 멀다.

* * *

난 여전히 명품 지갑을 들고 다니고, 지하철 대신 택시를 타고, 브랜드 커피를 고민 없이 마시며 맥주는 물처럼 마신다. 그래도 내가 미니멀리스트라고 생각하는 건 나의 소비가 결코 불필요한 게 아니라 내 기준에 꼭 필요한 소비이기 때문이다. 불필요한 소비는 나에게 기쁨을 주는 행위가 아닌데도 쓰는 소비를 말한다. 예를 들어 타인의 눈을 의식한 소비 같은.

돈을 버는 것이 돈을 쓰는 것보다 더 어렵다. 그러기에 나 자신이 아니라 타인을 의식한 소비는 애초에 하지 않는 것이 자신의 심신을 위해서 좋다.

오늘 하루도 돈을 벌기 위해 고군분투했을 당신. '수고했으니 이 정도는 나를 위해 괜찮잖아?' 하는 충동적인 소비 욕구에 휩싸였다면, 그 물건을 위해 오늘 하루 갈아낸 영혼의 무게를 곱씹어 보길 바란다. 당신의 피, 땀, 눈물을 갈아서 바꾼 돈이니까.

처음에는 내가 진짜로 원하는 게 뭔지 나 자신도 알 수 없어 '아, 몰라'를 외치며 되는대로 사고 싶었다. 그러나 인간이란 생각보다 똑똑한 존재라 이내 고민하는 과정에 익숙해지고, 스스로 잣대를 갖게 되며, 그 기준에 적합한 소비를 한 경우 그에 따른 즐거움도 얻게 되었다. 이런 즐거움을 얻게 된다면 당신의 미니멀 라이프는 아주 쉬워질 테고, 머지않아 성공하게 될 것이다.

"미니멀 라이프, 그까짓 것 아주 쉬운 겁니다!"

미니멀리스트는 멀리 있지 않았다

● ● ● ● ● ●

우리는 그를 좁쌀영감이라고 불렀고, 때론 밴댕이라고 놀렸으며, 어린 시절 가난해서 돈 쓸 줄 모르는 사람이라고 흉보기도 했다. 그는 바로 우리 아버지다.

엄마와 나는 툭하면 아버지를 구두쇠 영감이라고 불렀다. 쇼핑을 좋아하는 우리 모녀와 달리 아버지는 옷 한 벌 사는 것에도 인색했다. 패션 감각이 넘치는 엄마가 아버지를 생각해서 옷을 사 오면 옷장에 입을 옷이 넘치는데 쓸데없이 돈 쓴다고 잔소리를 했다. 옷이란 아무리 사도 부족한 것인데 말이다.

우리 집 보일러에는 빨간색 매직으로 23도가 표시되어 있다. 적정온도 표시라 그 라인을 넘으면 절대 안 된다. 또 집에 놀러 오는 사람들이 하나 같이 조명이 너무 어둡다는 말을 해도 거실 등은 일 년에 딱 두 번 명절에만 켜는 것이 우리 집 규칙이기 때문에 어쩔 수 없다.

소식은 기본이다. 아침은 국과 밥, 김치. 점심은 국수 한 그릇이면 충분한 사람. 내가 어릴 때부터 아버지께 자주 듣던 말은 과유불급으로, 매사에 넘치기보다는 부족한 게 낫다고 늘 말씀하셨지만 난 괘념치 않았다. 이왕이면 많이 가지고 있는 편이 좋았으니까.

이렇게만 쓰고 나니 우리 아버지는 밴댕이 영감이 확실한 것 같은데, 그렇다고 모든 것에 인색한 건 아니었다. 정당한 사유만 있으면 아무리 비싸도 안 된다는 말은 하지 않으셨다. 남들 다니는 학원은 당연히 다녔고, 고교 시절 내내 개인과외를 받았으며, 시즌마다 비싼 브랜드의 옷도 사주셨다. 주말마다 외식을 했고,

방학마다 해외여행을 가기도 했다.

아버지를 34년이나 알고 난 뒤에야 제대로 알게 됐다. 우리 아버지는 구두쇠가 아니라 미니멀리스트라는 사실을.

불필요한 소비는 최소화하고, 정말 소중한 것에 집중하는 삶을 사는 사람이 바로 아버지였다. (가족을 위해서 모든 것을 양보하고 자신은 헌신하는 아버지라고 쓰면 너무 소설이고.) 무엇보다 자신의 인생을 사랑했다.

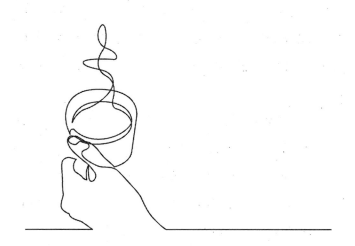

* * *

    취미가 많은 사람이었다. 요즘에야 유행하는 패러글라이딩, 스킨스쿠버, 승마 같은 운동을 이미 20년 전에 즐기셨다. 자신이 정말 하고 싶은 일을 하기 위해 불필요한 소비를 줄였던 것뿐이었다. 여행도 좋아하셨는데, 어린 시절 가족사진을 보면 나는 온통 화가 난 얼굴이다. 돈 쓰고 여행 같은 걸 왜 가는지, 예쁜 원피스나 한 벌 더 사주면 좋을텐데, 하고 입이 툭 튀어나와 있었다.

    그랬던 내가 지금은 원피스보다 여행이 좋다고 생각하는 걸 보면 경험이라는 소중한 추억을 선물 받은 것 같아 아버지께 감사하다. 이제야 감사하다는 마음을 갖다니 나는 외동딸로서 정말 실격이다.

    아버지는 엄마와 나를 종종 허영덩어리라 불렀다. 엄마는 워킹맘이었으니 허영이 아니라 자신의 능력이고, 나는 허영이 맞다. 무조건 서울로 대학을 진학한 후 아버지는 월세와 내 용돈으로 매달 백만 원을 부쳐줬다. 딱히 감사하다는 마음도 없이 당연하게 받아썼고, 부족하다는 생각도 가끔 했다.

결혼조차도 아버지 돈으로 했으며, 전세자금을 올려줘야 할 때는 아버지께 빌리기까지 했으니 주제 파악을 못 하는 허영덩어리가 맞다. 맞벌이로 돈을 벌면서도 저축은 전혀 하질 않고, 왜 더 벌지 못하는가에 대한 불만만 많았을 뿐이다.

부모님 두 분 모두 평범한 회사원이었다. 자식이라곤 나 하나지만 내가 서른 살이 될 때까지 적지 않은 돈을 쓰셨다. 그런데도 대출 한 푼 없이 10년 전에 전원주택을 지었다. 늘 나의 소비를 보며 '넌 나중에 돈을 정말 많이 벌어야겠다'라고도 하고, 돈은 얼마 버는가보다 어떻게 쓰느냐가 중요하다는 얘기도 해주셨지만, 못된 딸은 그 모든 얘기를 귓등으로 듣기만 했다.

지금도 나는 얼마를 버느냐가 중요하다고 생각한다. 하지만 10년 전에 벌었던 돈을 생각하면 그때보다 서너 배나 돈을 더 버는데도 불구하고 재정 상태가 전혀 나아지질 않았다. 그때나 지금이나 통장 잔액은 0원이며, 지금보다 두 배를 번다해도 통장 잔액은 같을 거라는 불안한 예감만 들 뿐이다.

더 버는 만큼 더 많은 물건을 산 것도 자명하다. 그러나 버리다 보니 내 통장 잔액이 다 어디로 갔는지 알게 됐다.(돈이 왜 쓰레기가 돼서 쓰레기봉투에 들어가는 거야.)

* * *

친정에 갈 때마다 홈쇼핑에서 구매한 물건들을 나눔이란 명목으로 가져가면 아버지는 늘 "쓸데없는 것 사지 마라." 라고 말씀하셨다. 그러면 난 '다 쓸 데 있는데' 라고 속으로 외쳤다. 그러나 지금 물건을 버리다 보니 이번에도 아버지 말씀이 맞았다는 걸 알게 됐다. 난 왜 그렇게 쓸데없는 걸 사들인 걸까?

어차피 서울에서 집 사는 건 글렀다고 생각해서였을까. 맞벌이 부부에 돈을 못 버는 것도 아닌데 늘 여유가 없어서 아파트를 사는 건 꿈도 꿔본 적이 없다. 그래서 삐뚤어졌다. 티끌 모아 티끌이라며 소비를 합리화했다. 뭐라도 계속 사면 나 자신을 속일 수가 있었다. 별수 없는 거라고.

그러나 모든 게 핑계였다. 시대는 달라도 우리 아버지 같은 사람들은 현재에도 많이 존재한다. 내 주위에도 몇 명 있다. 그들 역시 자린고비라고 속으로 욕했지만, 진중한 대화를 나눠보니

다들 미니멀리스트였다.

그들은 TV에 나오는 무조건 아끼는 타입과는 일억 광년 거리가 있다. 다들 자신이 좋아하는 일을 취미로 즐기면서 여유 있게 살고 있다. 남에게 베푸는 것에도 인색하지 않다. 예전에는 참 멋없고 재미없게 산다고 생각했는데 이제는 그게 너무나 멋있어 보인다.

내가 무언가를 끊임없이 살 때 누군가가 이런 말을 했다. "넌 좋아하는 게 많아서 참 좋겠다." 웃고 말았지만 씁쓸했다. 정말 좋아서 산 게 아니었으니까. 일시적 변덕이 들끓고 헛헛한 가슴을 택배 상자로 채우고 싶었을 뿐.

이제라도 달라져야지. 아버지처럼 못 살아도 비슷하게는 살 수 있지 않을까.(아버지의 피여, 더 들끓어줘.) 엄마에게도 요즘 나의 생각을 전파 중이다. 우리 모두 미니멀리스트로 거듭나는 날이 오길.

남편 vs. 나, 누가 더 호구?

● ● ● ● ● ● ●

소비에도 남녀 차이가 있다는데 남편과 나만 봐도 알 수 있다. 필요한 물건이 생기면 나는 일단 최저가를 찾아 모든 상품 페이지를 클릭하고, 카드할인 혜택을 확인한다. 반면에 남편은 검색해서 제일 위에 나오는 것을 클릭해서 산다.

이 때문에 속이 터질 뻔한 적이 한두 번이 아니었다. 배송비를 내는 것은 기본, 모두에게 주는 쿠폰까지 발급 받지 못해서 나였으면 2만9천 원에 샀을 물건을 3만8천 원에 사는 신공을 발휘한다.

그래서 인터넷 쇼핑은 언제나 나의 몫이다. 남편이 필요한 걸 링크해 주면 불꽃 서칭으로 최저가를 찾아낸다. 나는 의기양양해 하고, 남편은 아낌없이 박수를 보낸다.(이 정도에서 끝나면 이건 미담이겠지.) 내가 최저가를 찾아내는 것까지는 좋다. 하지만 늘 무료배송에서 넘어지고 만다.(왜 하필 2만9천 원이야? 3만 원부터 무료배송인데.)

이 순간 나는 온갖 상상력을 동원해 생활에 최대한 도움이 될 것 같은 물건을 찾기 시작한다. 판매 베스트 순이나 리뷰 순으로 정렬을 해보기도 한다. 대부분은 최저가를 정렬해서 3만천 원 수준으로 주문하면 가장 성공이라 보는데, 실상은 2천 원짜리 물건 중에 뭐 제대로 된 게 있겠어? 그러나 그게 중요한 게 아니다. 배송비가 2천5백 원이니 5백 원을 이득 봤다는 생각으로 의기양양할 뿐.

최종가 남편보다 싸게 샀으니 여기서 끝내면 좋은데, 5만 원 이상 구매 시 카드 청구할인이라는 것이 또 내 발목을 잡는다.

그래서 결국 나는 언제나 5만 원을 꽉 채운다. 5만백 원이 나오면 비명을 지른다. '나 지금 얼마를 아낀 거야?' 하면서.(다들 이런 적 있지 않나요? 나만 이러는 거 아니잖아요.) 그렇게 추가로 구매한 물건은 대부분 쓸모가 없다. 나중에, 언젠가 쓰겠지 싶은 것들은 영원히 쓸 일이 없다. 정리해보자면,

3만 원부터 무료배송
할인가 2만9천 원
불꽃 서칭으로 최저가 2천 원짜리 겟
–> 3만천 원 + 무료배송
5만 원부터 카드 청구할인 5%
언젠가 쓸지도 모를 아이템 2만9천 원짜리 추가 구매
–> 5만 원 + 무료배송 + 청구할인 5%
최종 4만7천5백 원

여기서 드는 의문 하나. 원래 사려 했던 물건 2만9천 원, 배송비 2천5백 원을 합하면 3만천5백 원. 나의 1만6천 원은 어디

로? 과연 나는 절약을 한 것인가?

정말 운 좋게 당장 필요한 물건을 추가로 구매했다면 다행이지만 당장 필요한 물건이 얻어걸릴 확률은 그리 높지 않다. 그렇다면 남편의 승리인가?

* * *

남편은 비슷한 물건이 다른 가격으로 전시되어 있으면 더 비싼 걸 잡는 '망손'의 소유자다. 온라인 쇼핑뿐 아니라 오프라인 쇼핑에 있어서도 손만 대면 그중 가장 비싼 것을 고른다. 잔소리를 퍼부으면 민망해하는 동시에 '나는 센스가 고급인가 봐' 하면서 우쭐거리기도 한다. 이왕 필요해서 사는 거 제대로 좋은 걸 사겠다며, 가격은 배신하지 않는다며.(이 생각에 절반만 동의한다.)

이쯤에서 눈치챘을지 모르겠다. 내 남편은 우리 아버지보다 조금 낮은 등급의 미니멀리스트다. 아버지가 고수라면 남편은 하수 정도랄까.

연애 시절 남편의 자취방에 놀러 간 적이 있다. 세상에 이렇게 소탈한 사람이 있다니. 수저 한 세트, 밥공기 하나, 냄비 하나. 그것이 그가 가진 살림살이의 전부였다. 호기심으로 책상 서랍을 열어 보니 모든 물건이 한눈에 보기 좋게 일렬로 정리되어 있고, 옷 가짓수는 손으로 셀 정도. 미련도 어찌나 없는지 아무리 뒤져도 예전 애인의 흔적이 나오질 않기에 꼬치꼬치 물으니 헤어지는 날 모든 사진을 삭제하고 선물 받은 것도 버렸단다. 사실 그땐 살짝 소름이 끼쳤다. (결혼해줘서 고마워요.)

남편은 물건의 소유에 대해선 신중한 타입이었으나 인색한 애인은 아니었다. 술과 고기를 늘 배 터지게 사줬고, 기념일이나 내 생일에는 소위 명품 가방도 종종 선물해줬다. 다만 우리 아버지처럼 절제의 미덕을 아는 사람은 아닌지라 모든 월급을 나와 먹고 노는 데 탕진했다. 그래서 둘 다 땡전 한 푼 없는 상태인 건 마찬가지. 결혼 후에도 나는 나대로 물건에 탕진하고, 남편은 남편대로 월급을 차곡차곡 썼다. (쓰고 보니 그 나물에 그 밥이다. 그래서 우린 천생연분인지도 모르겠다.)

요즘은 내가 남편보다 제법 낫다. 예전처럼 무료배송에 집착하지 않으며, 카드할인에도 의연한 척한다. 꼭 필요한 것이 있으면 좋은 것을 사려고 하는 동시에 이왕이면 할인을 받으려 노력을 아끼지 않는다.(이런 건 생활의 지혜니까.) 정말 필요하고 갖고 싶은 물건이라면 가격과 상관없이 바로 구매하라는 전설의 미니멀리스트도 있지만, 같은 물건이라면 조금이라도 싸게 사는 것이 잔재미라 믿어 의심치 않는다.

* * *

쇼핑은 여전히 내 피를 들끓게 한다. 미니멀리스트라고 쇼핑의 희열을 느끼지 못하는 무성애자는 아니기에 나는 여전히 불타오른다. 예전에는 늘 불붙어 있는 게 문제였을 뿐 지금은 불타오름의 온·오프 기능이 추가된 프로 쇼퍼라 칭하고 싶다.

소비에 있어서 호구 소비자는 단언컨대 남편이다. 여전히 물건을 비싸게 사서 요즘은 얼마에 샀느냐고 물어보지도 않는다. 본인이 만족하면 그만이고, 가격을 알면 내 속만 터지니까. 그러나 말만 그렇지 오늘도 도끼눈을 뜨고 말았다.

기념일이라 향수를 선물 받았다. 인터넷에서 최저가로 골라

링크까지 보내줬건만 백화점에서 추가 포장을 하고, 누가 봐도 유학파 플로리스트가 만든 것 같은 꽃다발을 내밀었다. 내 예산은 5만 원이었는데 15만 원 정도는 쓴 것 같은 눈치다.

예전 같으면 역시 센스 갑이라고 박수를 보내줬겠지만 지금은 억지로 웃어도 입꼬리가 부들거린다. 좋아할 줄 알았는데, 하고 시무룩한 강아지 같은 표정을 지으니 좀 미안해졌다. 그래, 이건 네 용돈이니까. 다음엔 꽃같이 웃어주마. 그래도 여보, 노후준비 안 할 거니? 호구는 남편으로 당첨입니다.

나는 내 마음대로 즐겁게 잘산다
● ● ● ● ● ●

며칠 전부터 나를 고민에 빠트린 티셔츠가 있다. 평소 즐겨 입는 스타일이 아닐뿐더러 나에게 어울리는 디자인도 아니었다. 3년 차 미니멀리스트로서 사지 않는 게 옳다는 건 그 누구보다 나 자신이 잘 알고 있다. 그럼에도 불구하고 사고 싶었다.

유치하게 들릴지 몰라도 요즘 내가 애정을 집중하고 있는 대상은 아이돌 그룹이다. 꽤 열심히 좋아하지만, 앨범과 사진집은 사지 않고 누구나 볼 수 있는 영상들을 보며 즐거워하는 게 전부였다. 그러던 중 내 심장을 두근거리게 한 건 아이돌이 모델로 활동하는 모 브랜드의 티셔츠.

평소에도 종종 그 티셔츠를 입은 사진들을 볼 때마다 내 소비 욕구가 들썩였다. 올 한해 한 거라고는 아이돌을 좋아한 것뿐이니 티셔츠 한 장 정도는 추억으로 남겨도 되지 않을까 생각했다. 게다가 가격이 부담스러운 것도 아니라 돈 때문에 고민하지도 않았다. 단지 내 신념과의 갈등. 과연 이것이 필요한가, 나는 이것을 입을 것인가. 어지간한 물건에 대해서는 해탈의 경지에 올랐지만, 작년까지도 나를 힘들게 한 건 옷에 대한 욕망이었다.

* * *

미니멀 라이프를 결심하면서 수백 벌의 옷을 버렸다. 여기서 버렸다는 건 휴지통에 버린 것만을 말하는 건 아니다. 기부도 했고, 주위에 나눠주기도 했으며, 되팔기도 했다. 수천만 원어치의 옷을 처단하고 손에 쥔 돈은 몇십만 원밖에 되지 않았다. 킬로그

램으로 옷을 사는 곳에도 판 적이 있는데 1킬로에 3백 원. 옷으로 1킬로를 채우려면 적어도 5백만 원어치의 보세 원피스가 필요하다.

내가 두 번 다시 이런 바보 같은 짓 하나 봐라, 생각했지만 하루아침에 버릇을 고치긴 어려웠다. 그저 사흘에 한 번 사던 원피스를 일주일에 한 번, 보름에 한 번, 한 달에 한 번 정도로 그 기간을 늘리려 했다. 물론 그 과정이 쉽지는 않았다. 밥 먹듯이 괴로웠고, 온종일 우울하기도 했으니까.

'미니멀리스트는 좋아하는 것만 가지고 사는 사람이라며? 난 원피스가 정말 좋아. 그러니까 원피스를 산다고 죄책감을 느낄 필요는 없는 거 아닐까?' 기-승-전-자기 합리화를 하며 블로그에 새로 산 신상 원피스를 자랑했다. '정말 고민하고 고민하여 구매한 원피스랍니다. 충동 구매 같아서 취소하기도 했는데, 며칠 동안 생각나서 결국 샀어요' 라고.

'어차피 사는 거 즐겁게 사세요' 라는 댓글들을 볼 때마다 위로가 되는 동시에 나 자신이 조금 싫어졌다. 전혀 즐겁지가 않아서 마음속에는 계속해서 폭풍우가 들이쳤고, 통장은 가난했다.

나 자신에게 다시 물었다. '정말 그 원피스가 좋은 거야? 그래서 몇 번이나 입을 건대?' 그 당시에는 주 5일만 출근을 했는데 매일 다른 옷을 입었냐고 묻는다면 글쎄다. 이십여 일을 출근한다고 치면 칠일 정도는 손이 가는 원피스만 입었던 것 같다.

가만히 들여다보니 새 원피스가 갖고 싶다기보단 여전히 새 원피스를 사는 과정이 즐거운 건 아닐까. 너무 오랫동안 습관이 되어 관성을 깨기 두려운 건 아닌지 의구심이 들었다. 그래서 시작한 것이 〈옷 안 사기 백일 프로젝트〉였다.

나에게 백일이란 곰이 마늘과 쑥만 먹고 동굴에서 버티는 시간만큼이나 길었다. 그나마 내가 이겨낼 수 있었던 이유는, 내가 솔직한 사람이라는 것과 내 일거수일투족을 블로그에 올리지 않으면 배기지 못하는 성격 때문이었으리라.

* * *

백일을 목전에 둔 어느 날, 오랜만에 쇼핑몰 사이트에 접속했다. 물론 그 사이에도 몇 번 기웃거린 적이 있었지만 10초 이상

머물지 않으려고 노력했다.(첫눈에 별로인 원피스도 보고 있자면 빠져드는 볼매라서.) 마음에 드는 거 없네, 뭐! 하고 후루룩 보고 인터넷 창을 닫아버리는 게 전부였다. 그러나 석 달 만에 꼼꼼히 들여다보고 있자니 심장이 쿵쾅거렸다. 그 어느 때보다 오랜 시간 참아온 내게 보상을 주는 시간이기에 며칠을 신중하게 고민했다.

백일이 되는 날 〈옷 안 사기 백일 프로젝트 성공〉이라는 글을 쓰는 동시에 무려 다섯 벌의 옷을 한꺼번에 주문했다. 기분이 묘했다. 무엇을 위한 프로젝트였나 하는 자괴감도 들었으나, 백일 프로젝트는 단발성이 아니라 연 3회 시행할 장기 플랜으로 세웠기에 이 정도 보상은 합당하다는 결론을 내렸다.

그로부터 한 달이 채 되지 않아 그때 구매한 옷 다섯 벌 중 세 벌을 기부함에 투척했다. 신중하고 또 신중하게 구매했다고 생각했으나 사실 내게 정말 필요한 옷들은 아니었다. 백일을 버틴 보상이란 명목의 쇼핑이었을 뿐.

지금 생각해도 참 괴로운 시간이었다. 즐겁게 살고자 시작한 미니멀 라이프가 혼란을 줬으니까. 이깟 옷을 사고 안 사고가 뭐라고. '다 때려치우고 싶다. 전처럼 생각 없이 살고 싶다. 안 사려는 노력 따위 하고 싶지 않다. 노력 따위 싫어!' 라고 부르짖었다. 그런데도 포기하지 않은 나에게 박수를 보내주고 싶다.

　나는 자기애가 강한 인간이라 나 자신의 행위에 대해선 너그럽기 그지없다. 하지만 타인에겐 냉정했다. 친구가 "이 물건 어때?" 하고 물으면 "너 이거 쓸 거야? 집에 비슷한 거 없어? 전에 산 거랑 비슷한데? 너랑 안 어울려. 카드값 괜찮겠어?" 라는 말을 아무렇지도 않게 했다. 그러나 새로운 원피스가 사고 싶으면 나 자신에게 남처럼 말했다.

　남 같은 나 : 너한테 이미 있는 옷 아냐?

　나 자신 : 도트의 미묘한 크기가 다르다고. 블랙의 색감이 다르단 말이야.

　남 같은 나 : 그래서 매일 같은 옷만 입는 거야?

　나 자신 : 이건 편해서 자주 입을 것 같지 않아?

　남 같은 나 : 포대 자루 같아. 모델마저 살쪄 보여.

　나 자신 : 에라이!

나 자신과 끊임없이 대화하고 설득했다. 그래도 새 옷이 사고 싶을 때는 옷 정리를 했다. 사놓고 한 번도 입지 않은 옷들을 의무적으로 입어보기도 하고, 한 번도 매치해보지 않은 스타일로 매치해보기도 했다. 매일 매일 입은 옷을 사진으로 찍어 올리다 보니 새 옷을 사지 않아도 매일 다른 옷을 입는 기분이 들었고, 쇼핑하지 않아도 충족감 같은 게 느껴졌다.

그렇다고 새 옷을 아예 사지 않는 건 아니다. 그 후에도 종종 새 옷을 구매했다. 최소한의 후회를 남기려고 나 자신에게 일백 번을 물어본 뒤에 샀고, 결과는 대부분 성공이었다.(역시 가장 중요한 건 소통이로군.)

* * *

결국 아이돌 티셔츠를 샀다. 블로그에 올리고 취소할까 말까 고민이라고 하자 현명한 이웃님들이 조심스럽게 취소를 추천해 주셨다. 하지만 난 그 티셔츠를 샀다. 내면의 내가 '이 정도는 사 도록 해'라고 허락을 해줬기에.

그러나 옷은 내 예상을 조금도 빗나가지 않았다. 나에게 어 울리지 않을 뿐더러 너무나도 컸다. 반품을 해야 하나 10초쯤 고 민하고 있을 때 택배 상자에 쓰인 '사는 것이 즐겁다'라는 광고 문구가 눈에 들어왔다.

나는 지금 그 티셔츠를 입고 글을 쓰고 있다. 사는 것이 즐겁 네, 하고 콧노래도 부른다. 만족스럽고 잘 산 것 같다. 이런 게 정말 잘사는 인생이지, 하고 셀피도 막 찍었다. 예전에 이런 카피가 있었다.

'나는 잘 삽니다. 쇼핑전문가는 아니어도 남들보다 손해 안 보고 삽니다.'

현명한 소비자라면 정말 필요한 물건을 남들보다 손해 안 보고 잘 사겠지만, 나는 그저 남들보다 손해 안 보고 사는 것에만 집중했다. 그래서 할인이라면 눈이 뒤집혀서 '일단 사고 봐'를 외쳤다. 옷을 그렇게 좋아한다고 말하지만 '이런 옷이 있었어?' 싶은 것도 몇 벌이나 있었다.

어차피 살 거 즐겁게 사자. 비슷한 글을 수없이 블로그에 쓰기도 하고, 나 자신을 정말 잘 사는 프로 쇼퍼라고 생각했다. 그러나 이제는 그 합리화를 내려놓았다.

남 같은 나 : 아이돌 티셔츠 말이야, 정말 안 어울리긴 해.

나 자신 : 나도 알아. 그래서 뭐. 행복해. 아이돌이랑 커플룩이다.

남 같은 나 : 아휴, 너 몇 살이냐? 그렇게 좋아?

나 자신 : 어어어.

남 같은 나 : 그래, 잘 샀네.

진짜 잘 사는 것은 이런 소비라 생각한다. '그딴 걸 사는 게 무슨 미니멀리스트야?' 라고 생각한다면 당신 생각과 내 생각이 다르니 유감일 뿐이다. 나의 미니멀 라이프는 내가 행복한 길이고, 나는 지금 무릎까지 오는 티셔츠를 입고 매우 행복하다.

우리 집 가훈, 각자 마음대로 살자

• • • • • •

초등학교 시절 학교에서 가훈을 써오라는 숙제를 내줬다. 성
실한 초등학생인 나로선 아버지께 질문했고, 아버지는 잠시 고민
하는 얼굴을 하시더니 '가화만사성' 이라고 대답했다.

가화만사성 : 집안이 화목하면 모든 일이 잘 이루어진다는
뜻의 한자성어.

맞는 말이긴 한데 어린 내가 느끼기에 그다지 멋은 없었다. "진짜 그게 맞아?"라고 되묻자 "각자 마음대로 살자, 어때?" 급조한 느낌이지만 취향 저격.

그때부터 우리 집 가훈은 '각자 마음대로 살자'로 정해졌다. 학교에 써갔을 때 담임선생님이 야릇한 표정을 지으셨던 것 같다. 반에서 가장 많이 나온 가훈은 역시나 가화만사성이었다. (재미없어.)

나의 아버지는 가훈을 몸소 실천하는 타입이었다. 쉬는 날이면 각종 취미 생활을 나섰고, 그 때문에 엄마와 몇 번 다투는 것도 목격했다. 나 역시 다정한 딸은 아니라 '엄마도 엄마가 하고 싶은 걸 하면 되잖아'라고 뚱하게 말하고는 내 방에 들어가 문 꼭 닫고 책이나 읽었다. 우리 집 가훈은 각자 마음대로 사는 거니까.

* * *

아버지는 자유로웠다. 그 당시 TV에 나오거나 내 친구의 아버지 같지 않았다. 가족을 위해 열심히 돈을 벌어 오는 건 같았지만 가족을 위해 모든 걸 희생하는 아버지는 아니었다. 아버지는 아버지 자신의 인생을 가장 사랑했던 것 같다.

종종 괴짜 같은 말씀도 서슴지 않으셨다. 부모가 바라는 자식의 장래희망에 대해서 비구니나 수녀 혹은 소설가가 되는 게 어떠냐고 했다. 아버지 본인은 선생님이 되라 했다고 주장하지만 내 기억 속의 아버지는 분명 위에 열거한 세 개의 직업을 말씀하셨다.

난 셋 다 싫었다. 일단 나는 무교에 가깝고, 어릴 때부터 금욕과 절제와는 거리가 멀었다. 방종하게 살고 싶었다. 소설가 역시 글 쓰는 걸 그 당시에는 좋아하지 않아서 단박에 거절했다. (어쨌든 지금 직업이 소설가는 아니라도 잡가니까, 아버지 저는 효녀 아닙니까.) 당시 나는 싸가지 없는 딸이라 '아버지가 이제라도 스님이 되는 게 어때요?' 라고 답했을 뿐.

내가 결혼한다고 했을 때 아버지는 또 하나의 어록을 남겼다. "굳이 결혼해야 하나? 남들 다 한다지만 굳이 안 해도 되는데." 결혼 후 아이 문제로 고민할 때도 "자식을 꼭 낳아야 하나? 안 낳고 사는 게 나을 수도 있는데."라고.

내가 주위 사람들에게 이런 이야기를 하면 '니네 아버지 정말 독특하시다' 라고 하는데, 서른넷쯤 되고 미니멀 라이프를 접하면서 아버지가 자연스럽게 이해되기 시작했다.

우리 아버지는 미니멀리스트이고, 물건에 대해서만 덜 소유하는 것에 그치는 수준이 아니었다. 완전 고수를 괜히 책에서 찾았다. 요즘 애들 말로 혼모노.(일본에서 혼모노는 '진짜, 진품' 이라는 뜻 외에도 장인, 전문가를 의미하는 말로 쓰이고 있다.) 진짜 미니멀리스트가 이렇게 가까이 있는데.

* * *

진정한 미니멀리스트는 자신이 원하는 것에 집중하는 삶을 산다고 했다. 결혼도 육아도 자신이 진정 원할 때 해야 한다고 늘 말했다.

결혼이야 내가 좋아서 했다. 세기말의 사랑까진 아니더라도 엉망진창인 부분까지 똑 닮은 짝꿍 정도는 된다. 다만 아이 문제에 대해선 꽤 오랫동안 고민과 갈등이 있었고, 이혼 얘기를 입에 올릴 정도로 과격했던 시절도 있었다. 그러나 미니멀 라이프를 통해 내가 진짜 바라는 게 뭔지 서서히 알게 됐다.

'아이를 낳자고 생각하는 나는, 과연 진심인가?' 난 어릴 때부터 아이들을 별로 좋아하지 않았다. 관심이 없었다는 게 더 정확한 표현이다. '결혼과 자식은 세트 구성이라 결혼을 했으니 곧 아이를 낳아야 한다.' 많은 사람이 생각하듯 나 역시도 그랬을 뿐이다.

고민 끝에 '자식을 낳지 않고 살 수도 있다'라는 생각을 했다. 나의 생각을 아버지께 얘기하자 '네가 한 결심 중 가장 현명하다'라고 말씀하셨다. 그때 좀 충격을 받기는 했다. 가장 현명한 결심이라니, 다른 부모 같으면 이게 무슨 헛소리냐고 했을 텐데. 아버지는 계속 말씀을 이었다.

"자식을 낳고 키운다는 건 인간으로서 한 번쯤은 해볼 가치 있는 경험이다. 나도 너를 키움으로 참 많은 걸 배웠다. 다만 남들이 가는 길을 가기 위해서는 수없이 많은 것을 포기해야 한다. 경험해 보니 굳이 많은 것을 포기하면서까지 해볼 만한 경험인지는 모르겠다. 네가 정말 원한다면 모를까, 남들이 낳으니까 낳는다는 건 옳지 않은 생각이다. 덧붙여 네가 있어 행복하지만 네가 없었어도 나는 행복했을 거다."

* * *

이 정도면 솔직도 병이지만(내 솔직함은 아버지를 닮은 게 틀림없다) 그 누구도 해준 적이 없는 말이라 감사히 받아들였다. 대부분 사람은 자식을 인생의 보람이라 여기고 사는 것 같다. 물론 나의 아버지가 괴짜이고 소수일 거라는 생각도 한다. 그렇지만 한 번쯤 나 자신에게 물어보는 것도 나쁘지 않았다.

정말 결혼을 하고 싶은 건지.
정말 아이를 낳고 싶은 건지.
정말 그 직업을 갖고 싶은 건지.
스스로 어떻게 살고 싶은 건지.

내 인생인데 그저 세상이 제시하는 대로 따라가는 건 아니지 않을까, 하는 의구심도 가져보면 좋겠다. 나 역시도 얼마 전까진 별다른 생각없이 살았다. 서른 되기 전에 결혼해서 애 둘 낳고 사는 게 당연하다 여겼으니까.

다만, 내가 살고 싶은 인생에 대해 생각해보니 당연한 것이 아니라 선택의 문제라는 생각이 들었다. 내 인생인데, 내 마음대로 맞잖아. 난 왜 한동안 우리 집 가훈을 잊었을까.

남들처럼 살고 싶어서 정말 갖고 싶지도 않은 것을 위해 내 통장 잔액을 모두 포기하며 살았다. 자존감도 박살 내면서, 남편에게 잔소리를 퍼부으면서.

지금도 네가 어디를 봐서 미니멀리스트야, 라고 비웃는 사람들이 적지 않다. 그러나 '저 미니멀리스트 맞아요. 전 제가 하고 싶은 것만 하고 삽니다. 우리 집 가훈처럼 마음대로 산단 말이에요' 라고 뻔뻔하게 대꾸한다. 물질의 소유에만 미니멀 라이프를 국한할 이유는 없기 때문이다.

백 개를 소유하면 어떻고, 천 개를 소유하면 어때. 진심으로 갖고 싶고 필요해서 소유한 거라면 맥시멀리스트도 미니멀 라이프를 산다고 말할 수 있지 않나. 정말 내가 원하는 대로, 마음대로 사는 인생이라면 그걸로 충분하다.

남편과 내가 사는 우리 집의 가훈을 생각해봤다. '각자 마음대로 살자' 라는 가훈을 능가하는 걸로 짓고 싶었는데 '마음 편히 살자' 정도로 정했다. 각자 마음대로 편히 살자. 그렇게 살려면 미니멀 라이프. 기-승-전-미니멀 라이프 찬양이다.

아이는 낳고 싶을 때 낳기로 했다
● ● ● ● ● ●

연애 시절 아이에 관해 남편과 종종 얘기한 적이 있다. 아들이면 유타라고 짓고, 딸이면 유이라고 짓자고. 지유타, 지유이. 인터넷 소설 속 주인공 이름 같다고 키득거리기 바빴다. 그러나 남편은 아무 대답이 없었다.

스물일곱에 결혼을 했고, 주위 친구들보다 빨랐기에 아이에 대한 압박은 없었다. 그러다 서른쯤 결혼 3년 차가 되자 고민이 되기 시작했다.

아이를 낳지 않겠다는 생각을 처음부터 한 건 아니었다. 내 남편은 제법 꽃미남이라 남편과 똑 닮은 아이를 낳으면 얼마나 예쁠까, 하는 망상도 주기적으로 했다. '내 얼굴이 크게 망치지만 않는다면 아역을 시켜도 좋겠어' 라는 소리도 종종 했다.

남편과 아이 문제에 대해 진지하게 얘기를 나눈 건 결혼하고 5년쯤 됐을 무렵, 그 당시 내 나이 서른셋. 나보다 늦게 결혼한 친구들도 대부분 아이 엄마가 됐고, 출근길 유치원 통학 차량을 물끄러미 바라보고 있는 나 자신을 발견하기도 했다. 그렇다고 내게 아이를 좋아하느냐고 물으면 대답은 노. 백화점이나 레스토랑에서 아이를 만나면 일단 피하고 보니까.

난 아이를 샤넬 백처럼 갖고 싶다고 솔직히 고백한다. 아이는 결혼과 세트이고, 결혼했으니 예쁜 아이가 있었으면 좋겠다고. 이왕이면 남들 눈에도 예뻐서 주목받는 아이면 더 좋겠다고. 결혼할 때 샤넬 백을 남편에게 얻은 것처럼.(남편은 무이자 10개월 할부로 죽어라 갚느라 고생한 건 모른 척했다.)

그러나 남편은 내 생각과는 다른 말을 했다. "나는 아이를 원하지 않아." 어느 정도 눈치는 채고 있었다. 연애를 3년 반이나 하고, 결혼 생활을 5년이나 하면서도 단 한 번도 아이 얘기를 먼저 꺼낸 적이 없는 사람이니까.

* * *

그 당시 우린 제법 터프했다. "나는 아이를 원해. 그렇다면 우린 이혼해야겠네." 내가 제법 터프하게 나갔다. "왜 평범하게 살고자 하는 걸 방해하는 거야? 그럴 거면 왜 결혼했어?" 라고 따지기도 했다.

내가 이겼다. "그래, 네 뜻대로 하자. 하지만 아이를 낳으면 분명 네 생각보다 힘들 거야. 네가 살고 싶은 대로는 못 살 거라고. 그래도 낳고 싶어?" 라고 묻길래 의기양양한 얼굴로 "까짓거 남들 다 그러고 살아." 라고 외쳤다.

그 이후로 고민이 정말 많아졌다. 나는 사실 단 한 번도 '아이를 낳아야 하는가?' 라는 질문을 나 자신에게 해본 적이 없다. '몇 명을 낳을까?' 라는 질문이 최대치였다. '아이를 낳고 싶어?' 당연히 물어본 적이 없으나 단박에 대답은 할 수 있었다.

"아이가 있으면 좋겠지만 지금 생활이 망가지는 건 싫어. 그러나 굳이 낳고 싶은 건 아니지만 남들 다 낳는데 나만 없는 것도 좀 그래."

한마디로 나는 꿀만 빨아 먹고 싶었다. 열여덟 살의 장성한 꽃미남 아들이 초인종을 누르는 상상도 했다. 그러나 조금도 내 생활을 양보하거나 포기하기 싫었다. 또 현실적인 문제도 무시하기 어려웠다.

남편과 나는 맞벌이를 하지만 잘못된 소비패턴으로 인해 한 달 벌이로 카드값을 막는 수준이었다. 한 명의 소득이 높은 게 아니라 둘이 버는 돈이 거의 비슷해서 내가 돈을 벌지 못할 때 가정 경제는 마이너스 통장에 의지해야 할 것이 뻔했다.

게다가 아이가 없어도 아파트에 살지 못하는 게 가끔 창피할 수준인데 애를 데리고 허물어져 가는 빌라에 살아? 생각만 해도 비참했다. 별수 없이 아이 계획은 점점 멀어질 수밖에 없었다.

* * *

　나는 지극히 세속적인 타입이다. 돈 때문에 자녀계획을 미루면서도 돈을 더 열심히 썼다. 결혼할 때 생긴 유일한 비상금까지 탕진했다. 평소 사고 싶어도 엄두가 안 나던 명품 반지와 시계를 일시불로 구매했다. 천만 원의 돈은 순식간에 사라졌다.

　한동안 조금 기쁘기도 했지만 우울하기 이루 말할 수 없었다. 남편을 원망하기도 했다. 내 부모가 도와주길 바라기도 했다. 나는 참 철없고 이기적인 사람이 분명하다.

　그러던 중 알게 된 미니멀 라이프는 내게 광명과도 같았다. 일 년쯤 포기하지 않고 시행하자 일단 카드값이 사라졌고, 본의 아니게 매달 저축을 하게 됐다. 남과 비교하지 말고 자신의 인생을 살라는 메시지가 나에게 용기를 불어 넣었줬다.

　미니멀 육아라는 책도 사봤다. 타인과 비교하지 말고 자신의 가치관으로 아이를 키우라는 내용이었다. 부모덕에 인간 꼴을 유지했던 터라 이게 과연 가능한 얘기인지 의문이 들긴 했어도 위로는 됐다.

그저 절망적이기만 했던 자녀계획도 욕심을 비우고 나니 둘은 아니라도 한 명 정도는 낳을 수 있지 않을까 싶었다. 그러던 중 본질적인 질문을 나 자신에게 했다.

'정말 아이를 낳고 싶어?'

이번에는 단박에 대답할 수가 없었다. 답은 알고 있었지만, 입 밖으로 내기가 그리 쉽지 않았다. 미니멀 라이프를 하면서 수시로 나와 대화했고, 내가 살고 싶은 인생에 대해 많이 생각했으나 결론은 뻔했다.

'나는 아이를 낳지 않아도 괜찮아. 아니, 아이를 낳지 않는 게 좋겠어. 난 지금 내 인생을 사랑해. 이미 충분하다고.'

블로그에 내 생각을 밝혔다. 뒤죽박죽 엉망진창인 글이었지만 많은 분이 공감해주었다. 대부분이 예전의 나처럼 별다른 고민 없이 아이를 낳았고, 지금 너무 행복하지만 자신의 삶이 많이 변해 버린 건 아쉽다, 내 인생을 응원한다는 댓글이 많았다. 혹자는 어릴 때부터 아이를 낳지 않겠다고 결심은 했으나 주위의 압박으로 결국 아이를 낳았고, 지금은 너무 힘들다는 안타까운 글도 있었다.

나 역시도 친정엄마에게 내 뜻을 밝히는 건 쉽지 않았다. 엄마는 아버지와 달리 사랑스러운 여자다. 하나밖에 없는 딸이 아이를 낳길 기다리는 아주 평범한 여자. 엄마와 몇 번 과격한 대화도 오갔다. 그러나 누가 옳고 자시고의 문제가 아니었기 때문에 다람쥐 쳇바퀴 도는 대화만 오고 가기도 했다.

엄마 : 돈 때문이야? 너보다 못 버는 사람들도 다 잘 낳고 잘들 살아.

나 : 그건 그 사람들 얘기지. 난 그렇게 살기 싫어.

엄마 : 결혼했으면 애 낳고 사는 거지, 싫고 아니고가 어딨어?

나 : 애 낳으려고 결혼한 거 아냐. 사랑해서 한 거지.

엄마 : 전에는 낳고 싶다고 했잖아. 너희 정도면 돈 못 버는 거

아냐. 너 미니멀 라이프 하니까 돈도 적게 쓴다며?

나 : 미니멀 라이프 하니까 알겠던데. 돈도 돈이지만 낳고 싶지도 않다는 걸?

엄마 : 왜 그렇게 이기적이야? 엄마 친구들 딸은 다 결혼해서 손녀 낳았다고 자랑해.

나 : 왜 다른 사람 얘길 해? 엄마가 더 이기적인 거 아냐? 그렇게 낳으면 누가 책임지는데? 난 내 인생 하나 책임지기도 벅차.

엄마 : 너랑은 대화가 안 돼.

나 : … 엄마, 그때 양희은 씨 노래 좋다고 했지. 엄마가 딸에게.

엄마 : 갑자기 그 얘길 왜 해?

나 : 노래 가사 기억나?

엄마 : ……

나 : 엄마 그 노래 듣고 엄마 마음 같다며.

엄마 : 후유, 모르겠다. 네 마음대로 해.

그 노래 가사는 대충 이렇다.

공부해라 아냐 그건 너무 교과서야
성실해라 나도 그러지 못했잖아
사랑해라 아냐 그건 너무 어려워
너의 삶을 살아라

이 정도로 얘기가 끝났으니 내가 운이 참 좋다는 생각이 든다. 시부모님 역시 자유로운 타입이라 아이에 대한 잔소리를 단 한 번도 들은 적이 없다. 오히려 내게 아이를 낳으라고 그 누구도 압박하지 않아 괴롭기도 했다. 등 떠밀리듯 낳아서 '엄마가 낳으랬잖아, 오빠가 낳자고 했잖아' 투덜거리며 '낳으라고 한 사람이 책임져!' 하며 떠넘길 생각도 했다.

엄마 말대로 내가 이기적인 건 맞다. 아니 이기적이었다. 지금에서야 정신 차리고 내 인생 내가 알아서 책임질 생각을 한다. 마음대로 산다는 게 막사는 것을 뜻하는 건 아니니까.

마음을 굳힌 후에도 가끔 상상했다. 아이를 강력히 원하는 남자와 결혼했으면 어땠을까. 힘들긴 했어도 나름 잘 키우고 있지 않았을까. 그런데 그게 무슨 의미야? 과거에 만약은 없는 건

데. 나는 내가 한 일 중 남편과 결혼한 걸 가장 잘했다고 생각하는 사람이다. 잘생기고 나만 사랑하는 남자야말로 인생의 보석이니까.

* * *

그렇게 세월이 흘렀다. 지금은 결혼 8년 차, 서른일곱 살이다. 아직은 내 삶에 후회는 없다. 그저 내 인생에 감사할 따름이다.

가끔 나를 잘 모르는 사람들과 대화를 하면 인사처럼 물어오곤 한다. "'결혼은 했어요?" 그다음 질문은 뻔하다. "아이는 있어요?" "결혼한 지는 8년 됐고 아이는 없습니다." 그다음엔 둘 중 하나다. 안쓰러운 표정을 짓는 부류와 '왜?'라고 따지듯이 묻는 부류.

나와 비슷한 나이 또래의 사람 중 시간 날 때마다 집요하게 '왜?'라고 묻는 사람이 있다. 아이를 낳은 지 채 일 년이 되지 않았는데 너무나 행복하고 아이가 인생의 보석이란 얘기를 시도 때도 없이 했다. 안물안궁이지만 원활한 사회생활을 위해 고개를 끄덕였다.

오지라퍼 : 아이 낳으면 정말 행복하다니까.

나 : 지금도 행복한데요?

오지라퍼 : 낳으면 더 행복하다니까.

나 : 저보다 지금 행복하다고 자신할 수 있어요?

오지라퍼 : 그거야…… 아닐 수도 있지만.

아닐 수도 있는 걸 왜 자꾸 강요해? 행복은 비교의 대상이 아닌 것을. 나중에 후회할 거라고 협박하는 사람들도 있는데 나중이 언젠데? 마흔셋 정도라면 그때 낳으면 되잖아. 예순 정도라면 별수 없는 일일 테고.

나는 지금 내 삶에 만족한다. 아이가 있건 없건 내가 선택한 일이니 후회도, 반성도, 자유로움도, 기쁨도, 온전히 내 몫으로 즐기며 살고 싶다.

딩크족으로 살기, 결국 내 인생

●●●●●●

아침에 일어나서 침실 문을 열면 귀여운 고양이 두 마리가 꼬리를 지팡이 모양으로 세우면서 야옹야옹 잘 잤어? 하며 인사를 건넨다. 고양이는 남편이 원해서 키우게 됐다. 귀찮은 건 남편이 모두 전담한다는 약속하에.

첫째는 일곱 살, 둘째는 여섯 살이 됐다. 남편은 처음 약속대로 매일 열심히 쓸고, 닦고, 고양이 똥을 치운다. 엄청난 덩치로 성장한 고양이를 쓰다듬다 보면 '이 아이들을 입양했을 때 아이를 낳았으면 초등학교에 갔겠군. 애가 초등학교에 가면 그때부터가 참 지옥이라던데.' 라면서 커피를 한잔 호로록 마신다.

생각은 딱 거기까지다. 소파에서 뒹굴뒹굴하다 보면 특히 나를 따르는 둘째 고양이가 소파 아래 다소곳하게 앉아 30분이고 한 시간이고 나를 바라본다. 사랑해 사랑해 노래 부르듯 골골골 소리를 내는데 무심한 나로선 '어어, 이따 놀아줄게' 하고 만다.

그런 주제에 감성 충만한 날이면 고양이 형제들의 사진을 블로그에 도배하면서 사랑의 세레나데를 쓰고, 딩펫족이라 행복하단 글도 술술 써 내려간다.(그건 팩트니까.) 그런 글들 때문인지 가끔 내 블로그를 통해 방송 촬영 요청이 들어오기도 하는데, 굳이 TV까지 나와서 할 얘기는 없는 관계로 고사한다. 남다른 소신이 있는 게 아니라서.

그저 내 마음대로 편하게 살고 싶어서 이런 인생을 살고 있다. 딩크족으로 살아서 행복하냐고 묻는다면 모두의 인생이 그렇듯 어떤 날은 너무나 행복하고, 어떤 날은 우울하다. 내 딩크의 삶도 어떤 날은 만족스럽고, 어떤 날은 허무하기도 하다.

노후에 대해서 생각하면 무서운 생각이 들기도 한다. 남녀 평균 수명과 내가 연하라는 점을 고려할 때 최후의 일인은 내가 될 확률이 농후하다. 형제자매도 없어서 부모님이 돌아가시고 남편도 먼저 떠나면 덩그러니 홀로 남을 내가 안쓰럽기도 하다

남편에게 가끔 그런 불안을 토로하며 무조건 오빠가 하루라도 더 살라고 생떼를 부리기도 한다. 그런 날에는 '딩크의 노후'라던가 '딩크의 후회'에 대해서 검색도 한다. 내 마음대로 살고

싶어서 '무자식은 상팔자'를 외친 주제에 다른 딩크의 인생을 왜 기웃거려? 참 모순적이기 짝이 없다.

요즘은 생각이 좀 바뀌었다. 고독사는 여전히 두렵지만, 고독사 보험에 가입하면 좋겠다 싶고, 주위 사람들과 지금부터 더 친하게 지내야지 싶다. 저축도 많이 하고.

* * *

작년부터 아버지가 크게 아프셨다. 엄마는 불안해했고, 나 역시도 마음이 안 좋았다. 하지만 엄마 마음과는 비교가 되지 않을 거고 생각한다. 나는 여전히 못되고 무심한 딸이라서 가끔 얼굴 한번 비추고, 병원에 한두 시간 있는 게 전부다.

스스로 돌아보며 '자식이란 건 참 무용지물 하구나'라고 생각했다. (세상엔 다정한 효녀 딸도 많을 테니 일반화하는 건 아니다.) 다만 이런 내가 낳을 아이도 뻔할 테니 어느 정도 예상이 갔다. 콩 심은 데 콩 나고, 팥 심은 데 팥 난다고 하지 않았나.

아버지는 실비보험이 없다. 그래서 병원비가 많이 나왔다. 한

번 가면 몇백만 원씩. 솔직히 물어본 적도 없다. 늘 알아서 하시니까. 내가 자식이 필요하다고 생각한 이유는 아주 이기적인 이유투성이다. 노후에 외로울까 봐, 노후에 병원비 보태 달라고. 나는 전혀 도움 되는 자식이 아닌 주제에 말이다.

엄마 말로는 내 존재 자체가 위로라고 하지만 그건 과장이고, 엄마가 감성적인 거다. 일주일에 3분 정도 전화 통화를 하는 게 전부라서. 가끔 죄송스러운 마음이 들지만, 엄마는 나를 원망하지 않는다. 나를 낳고 키웠지만, 손톱만큼도 기대하지 않는 거 같다. 내가 더는 폐만 안 끼치길 바랄 수도 있다.

나는 존재하지도 않는 자식에게 바라는 게 참 많았다. 아이를 낳는다고 내 것이 되는 것도 아닌데, 아이를 낳고 싶다며 남편을 협박한 건 샤넬 백을 사달라고 할 때와 비슷하다. '돈은 니가 내. 내가 가끔 들어볼게. 그리고 사람들에게 자랑할래.' 참 욕먹기 좋은 얘기다. 그렇지만 나의 미덕은 솔직함이다.

요즘 생각으로는 성공한 노후에 필요한 건 사이 좋은 남편과 건강 그리고 돈이 아닐까 싶다. 이건 자식이 있든 없든 필요하다. 여기에 플러스로 착한 아들딸까지 있으면 금상첨화겠지만, 금상

첨화는 공짜로 얻어지는 게 아니니까.

피, 땀, 눈물 다 걸어 넣고 교육비 3억 정도에 운 좋으면 득템 가능. '아이는 돈과 바꿀 수 있는 게 아니야. 이 멍청이'라고 말한다면 순순히 인정하겠다. 다이어트를 할 때도 먹어본 맛 때문에 힘들지 못 먹어본 건 먹고 싶지도 않다.

* * *

나는 아이를 키워본 적이 없어서 아이가 주는 기쁨은 모른다. 그러니까 내가 후회를 한다고 해도 막연한 후회 정도가 아닐까. 살면서 후회할 일이 한두 개가 아니겠지만, 하루 24시간 일년 365일 후회만 하면서 살지 않는다. 삶은 어떻게든 흘러가고, 살아 있는 사람은 어떻게든 살아가니까. 또 지금, 이 순간 행복한데 그게 뭐가 문제일까 싶기도 하고.

최후의 일인이 된다면 최소한 간소하게 살고 싶다. 지금이야 생활의 편리함을 주는 미니멀한 디자인의 제품을 꽤 소유하고 있긴 한데, 종국에는 모든 가전과 가구가 빌트인 된 곳에 살면서 화려한 꽃무늬 원피스 몇 벌을 돌려 입는 할머니가 되어도 나쁘지 않을 것 같다.(저축이나 열심히 하고 술이나 좀 줄여야겠다.)

그래도 소망한다. 남편아, 제발 하루라도 더 살아줘. 장례식 치르는 거 귀찮단 말이야. 너무 솔직하고 말았다. 농담입니다. 사랑하니까 이별하기 싫어요.

따로 또 같이,
살고 싶은 대로 사는 인생
● ● ● ● ● ●

다음 달이면 결혼 8주년이 된다. 연애 기간까지 합하면 장장 11년을 만났다. 나는 남편을 만나기 전까지 누군가와 오래 만난 적이 없다. 내 잘못이든, 상대의 잘못이든, 타이밍의 잘못이든, 어긋난 인연들이 수두룩하다.

언제나 제멋대로였던 나는, 나를 있는 그대로 사랑해줄 사람을 찾고 또 찾았다. 그런 주제에 상대방에게는 내가 사랑하고 싶은 모습만 보여주길 기대했다. 지금 생각해도 난 참 이기적이다. 뭐든지 내 마음대로였으니까.

처음에는 남편과도 스쳐 갈 인연이라 생각했다. 얼굴 빼고는 나의 이상형과 거리가 멀었으니까. 난 좀 예술적인 감성 피플을 좋아했는데, 회사원이었던 남편은 많은 부분이 나와 다른 사람이었다. 더욱이 남편은 이유 없이 우울한 사람을 조금도 이해하지 못하는 타입이었다.(과거 애인들은 나보다 더 우울해하는 부류였다.)

책, 영화, 음식 취향까지 나와 모든 게 달랐다. 예전 같으면 싫은 얼굴로 무조건 'NO'를 외쳤겠지만 잘생긴 외모에 눈이 멀어서 '오빠 뜻대로 하세요, 방긋' 했다. 한마디로 좀 많이 내숭을 떨었다.

물론 이건 내 기억이다. 남편 말로는 자신이 다 맞춰 줬다고 한다. '이 여자 이상한데? 좀 제정신은 아닌 거 같지만 매력 있어'라고 생각했다나. 역시 천생연분.

* * *

3년 반의 연애 끝에 결혼을 했다. 결혼 초에는 집착 아닌 집착도 많았다. 남편 회사는 야근이 잦았고, 나는 매일 남편을 기다렸다. 연애 시절의 쿨한 나는 없었다. 무엇보다 따로 살다 같이 사니 남편의 퇴근 시간에 예민해졌다.

"언제 퇴근해? 오빠만 일해? 그딴 회사 당장 때려치워."

히스테릭한 카톡을 남발하기도 하고, 회식이 있어 자정을 넘기면 전화를 연달아 몇 통씩 걸기도 했다. 지금 생각하면 참 들끓는 시절이었구나 싶다. 지금은 남편이 늦게까지 야근을 하면 '당신이 수고가 많네. 기운 내' 라고 말하는 여유를 갖게 됐다.

물론 사랑이 식은 건 아니다. 펄펄 끓진 않아도 발화점 이상으로는 뜨겁다. 다만, 이제는 각자 또 같이 사는 법을 익혔달까. 요즘은 거의 싸우지도 않는다. 뭔가 마음에 들지 않아도 '네가 원래 그렇지' '속 넓은 내가 참아야지' '이번 생은 어차피 망했어. 서로 불쌍하게 여기며 살자'란 소리를 주고받다 보니 싸움은 시작되지도 않는다.

사람들은 내가 결혼한 지 8년이 됐다고 하면 놀란다. 블로그에서도 신혼부부냐고 물어보는 질문이 심심찮게 올라온다. 어떻게 그렇게 오래도록 결혼 생활을 하면서도 사이가 좋으냐, 아직도 사랑하냐는 질문을 보면 좀 당황스럽다. 결혼을 왜 하는데요? 사랑해서 하는 거 아닌가요.(나는 제법 로맨티스트라 영원한 사랑을 믿는다. 우리 사랑 포에버.)

사이가 좋은 방법이 뭘까 생각해보니 모든 것을 '함께' 하고 서로를 완벽히 '이해' 하려 노력하지 않았기 때문인 것 같다. 거기에 적당히 '포기' 하는 용기 때문이 아니었을까. 내 속도 가끔 아니 빈번히 모르겠는데 상대의 속을 어찌 알겠어.

* * *

어디선가 이런 글을 읽었다. '오해해서 사랑하고 이해해서 헤어진다.' 예전에 남편과 싸울 때 내가 늘 내뱉는 레퍼토리가 있었다. "이해가 안 가." 그러니까 서로 이해하지 못하는 편이 결혼 생활을 평온하게 유지하는 방법 중 하나가 아닐까 생각한다.

이해가 가지 않는 부분을 굳이 이해해서 뭐해? 오해로 두는 것이 속 편하다. 괜히 이해했다가 오만 정이 다 떨어져서 이혼하는 것보다 포기하는 용기도 필요하다.

사실 포기라는 단어가 다분히 부정적인 느낌을 준다. 그만둬 버리는 거니까. 근데 뭐 다이어트도, 절약도 쉽사리 포기하면서 상대방의 거슬리는 습관 정도야 포기하는 게 뭐 그리 어렵다고. 내가 말하는 포기란 누가 봐도 비난받을 내용을 말하는 건 아니다. 이를테면 도박, 불륜 이런 것은 당장 이혼감이다.

우리 부부의 싸움 이유는 서로 다른 라이프스타일 때문이었다. 그것도 우리의 이유가 아니라 온전히 나의 이유 때문에. 남편은 같은 회사를 10년 넘게 다니고 있다. 앞으로도 20년을 더 다니는 게 목표다. 공무원도 아닌데 참 열심히 다닌다. 이왕이면 임원도 되고 싶어서 더 열심히 야근하고, 회사 일에 전전긍긍한다.

나는 그게 늘 마음에 안 들었다. 미니멀 라이프에 빠지면서는 더더욱 그런 인생이 무슨 의미가 있는지 궁금했다. 이기적인 인간은 변하지 않는다. 누가, 무엇을 인생의 일 순위로 생각하느냐는 지극히 개인의 결정인데, 나는 내 마음대로 살면서 남편도 왜 내 마음대로 살아주기를 기대한 걸까.

남편이 회사에 더 집중하는 모습을 보이면 "오빠는 인생에서 제일 중요한 게 뭔지 몰라." 라고 말했다. 그러면 남편은 "당연히 너랑 행복하게 사는 게 중요하지. 그래서 더 열심히 하는 거야." 라고 대답을 하지만, 나는 콧방귀나 꼈다. 한 달에 백만 원만 벌어도 소박하게 살면 되는 거 아니냐면서.

말이 그렇지 나는 내가 버는 돈을 온전히 쇼핑에 밀어 넣었던 사람이다. 그런 주제에 '내 꿈은 당신과 나태하게 사는 것'이란 소리를 계속하면서 남편을 세뇌하려 했다. 〈리틀 포레스트〉같은 영화를 보여주면서 어떻게 생각하냐고, 멋스럽지 않냐고 물어보면 남편은 피식 콧방귀를 꼈다. "영화니까 예쁜 거지. 저 고생 네가 할 수 있겠니?" 그럼 당당하게 대답했다. "난 예쁜 것만 하고 농사는 오빠가 지어야지."

남편은 황당해했고, 말하는 나 자신도 황당하긴 했다. 내 남편은 65세까지 회사 다닐 생각을 하고, 퇴직 후에도 재취업을 당

연시하는 남자다. 그 후에 많은 생각을 했다. 어떻게 살고 싶은 지, 내가 정말 살고 싶은 삶은 무엇인지. 그나저나 시골살이는 아 닌 것 같다. 외출도 싫어하는데 농사라니 말이 안 된다.

　나는 남편과 오래오래 행복하게 살고 싶다. 어디에 사는지가 중요한 게 아니라 서로 의지가 되고 깨볶으면서 말이다. 그래서 포기하기로 했다. 남편은 남편이 원하는 대로 사는 것이 가장 행 복하고, 나는 내가 원하는 대로 사는 것이 가장 행복하다. 내 라 이프스타일을 굳이 남편에게 강요할 이유는 없다. 되도록 많은 교집합이 있으면 좋겠지만 꼭 모든 것이 하나일 필요는 없다고 생각한다.

'내 인생 내 마음대로, 남편 인생 남편 마음대로.

우리 인생 우리가 살고 싶은 대로.

따로 또 같이, 각자 살고픈 대로 살아서 즐거운 동시에 서로가 있어 즐겁게 살자.

방법이 다를 뿐 서로 바라는 미래는 같으니까.'

* * *

마음이 편해졌다. 나는 내가 쓰고 싶은 글을 쓰고 그 안에서 즐겁다. 내 글을 읽고 공감해주는 사람과 소통하면 하루가 훌쩍 지나버린다. 그래서 어떤 날은 남편의 칼퇴가 귀찮기도 할 지경이다. "오늘 뭐 했어?" 라고 다정하게 물어오면 시큰둥한 얼굴로 "그냥 뭐." 라고 말하는 무심함을 보여준다.

그러다 TV 앞에 앉아 맥주잔을 부딪치면 그것으로도 이미 즐겁다. 남편이 회사에서 어떤 일이 있었고, 어떤 고민이 있는지 말하면(나는 위로 부적격자라 남편이 그런 얘길 하면 훈계부터 늘어놓는데) 요즘은 너그러운 마음으로 들어주려고 한다. 당신의 인생을 당신이 살아감에 있어서 동반자의 미덕은 칭찬과 위로니까.

지금도 남편은 골프 연습을 하러 갔다. 회사에서 임원이 되려면 골프는 필수라고 한다. 전 같으면 무조건 경멸인데 이젠 쿨하게 그러던가, 라고 말할 수 있다. 그 시간 나는 이 글을 쓰고 있다. 운 좋으면 임원 와이프가 되는 건가? 시켜주면 하던가.

남편이 돌아오면 영화를 보면서 술 한 잔을 하고 '즐거운 주말이었지, 넌 뭐가 제일 좋았어?' 라고 물으며 잠자리에 들 예정이다. 주말 72시간 한 몸처럼 딱 붙어 지내지 않으면 사랑이 식었다고 시무룩하던 시절도 있었는데(귀여운 시절이군. 지금은 농익은 시절) 앞으로의 인생도 기대된다. 각자의 인생을 열심히 살고, 사랑도 열심히 할 생각이다.

미니멀리스트지만 사랑은 맥시멀하게!

이대로 충분,

물욕 때문에 고민하지 않는다

● ● ● ● ● ●

갖고 싶은 건 너무 많은데 돈이 없다, 끝없는 욕망 때문에 괴
롭다는 하소연을 듣고 아아, 불쌍한 영혼이라고 생각하는 나 자
신이 어이없다. 누가 누굴 가엾게 여기는가. 개구리 올챙이 시절
기억 못 한다고 미니멀리스트 3년 차인 나는, 제법 물욕이 없는
척 잘난 척을 하고 있다. 엄격히 말하면 개구리까진 못됐다. 올챙

이가 뒷다리 생긴 정도쯤이라 해두자.

요즘은 무언가를 봐도 예전처럼 욕망하지 않는다. 욕망의 사전적 의미는 '부족을 느껴 무엇을 가지거나 누리고자 탐함, 또는 그런 마음'이라고 한다. 내 생활에는 부족함이 없다. 나의 블로그 명이 '이대로 충분'인 것처럼 부족함이 없기에 더 바라는 것도 없는 하루하루를 보내고 있다.

그렇다면 과거와 현재, 무엇이 달라졌을까. 과거의 나는 지금보다 훨씬 많은 것을 가지고 있었다. 좁은 집 여기저기 쌓아두고 쟁여둔 것이 수두룩해서 재고정리를 앞둔 창고 같기도 했다. 제법 일 잘하는 직원과 일 못 하는 직원이 함께 일해서 어떤 구역은 물건으로 가득 차 있는데 정리가 되어 있고, 어떤 구역은 어디서부터 손대야 할지 한숨이 날 정도로 엉망진창인 그런 창고.

미니멀 라이프를 한다고 해서 완전히 물욕이 사라진 건 아니다. 아무리 단순하게 살아도 편리하게 사는 건 포기할 수 없기에 생활의 편리를 돕는 물건은 늘 욕망한다. 다만 바로 사지 않을 뿐이다.

스타일러도, 건조기도 언젠가 꼭 갖고 말 거야. 고성능 무선 청소기도, 벽에 딱 달라붙는 TV도. 그 언젠가가 지금은 아니라는 말이다. 당장은 없어도 살 만하니까. '언젠가'라는 리스트에 넣어 두고 가끔 들여다보면 그것으로 충분하다는 기분이 든다.

과거에는 무언가에 꽂혔을 때 당장 사지 않으면 미칠 것 같았다. '오늘이 마지막'이란 문구가 거짓말이라는 걸 알면서도 참말처럼 느껴졌고, 지금 그 순간을 놓치면 영원히 못 가질 것처럼 조바심이 났다.

하지만 머뭇거리는 사이에 매진이라고 뜨면 왜 안도감이 느껴졌을까? 정말로 갖고 싶고 필요한 거였다면 엉엉 울어야 할 텐데. 사야 한다는 고민이 사라졌다는 게 속 시원했고, 또 다른 물건에 욕망할 기회를 얻은 것 같은 기분도 들었다.

* * *

미니멀 라이프를 다짐하고 실천하면서도 적지 않은 물욕에 시달렸다. 많은 것을 비우고 버리는 중에도 바꾸고 싶다는 욕망에 휩싸이기도 했다. 구색을 맞추기 위해 사들였던 잡다한 것들을 처단함과 동시에 제대로 된 잇 아이템을 갖추고 싶은 욕망. 상품 주문을 하면서도 기분이 안 좋아질 정도로 많이 사들였다.

정말 필요해서 사는 건지, 수없이 버린 것도 새로운 물건을 사기 위한 핑계에 불과한 건지, 그저 대대적인 정리정돈 수준으로 미니멀 라이프를 한다고 떠들고 있는 건지. 말은 미니멀 라이프인데 쇼핑 리스트를 하루도 거르지 않고 올렸다.(그 당시 나의 블로그를 구독했던 많은 분께 죄송하다.)

수없이 샀고, 취소하고, 다시 또 사고, 반품하고, 환불을 했다. 그 귀찮은 짓을 정말 많이도 했다. 물건을 사면 마음에 들지 않아도 무조건 택배 상자부터 해체하기 바빴다. 내 사전에 반품과 환불은 존재하지 않았기에.

'좀 마음에 안 들어도 언젠가 쓰겠지. 누구라도 주겠지. 반품 그거 얼마나 귀찮은 건데 달랑 만 원짜리 왕복 택배비 날리는 바보 같은 짓을 내가 할 것 같아?'

거의 일 년을 반복하다 보니 역시 반품은 귀찮은 게 맞았다.

날이 갈수록 주문 자체를 신중하게 했고, 조금이라도 입안에 껄끄러움이 남으면 주문 즉시 취소 버튼을 눌렀다. 요즘은 진화에 진화를 거듭해서 취소할 주문은 아예 하지도 않는다.

그 대신 고민 끝에 주문한 물건에 대해서는 만족도가 높다. 과도기에 허세를 부리기 위해 샀던 물건도 지금은 잘 쓰고 있고, 무조건 비우고 버리기보다는 활용 쪽에 집중하려 애쓰고 있다. 하지만 무엇이 꼭 필요하거나 너무 갖고 싶으면 단박에 구매하기도 한다.

TV에 소개되는 물욕 없는 사람들의 얘기를 듣기도 하고, 책으로 접한 적도 있는데, 내가 살고 싶은 인생과는 거리가 멀었다. 궁극의 미니멀리스트는 손걸레로 마룻바닥을 닦는다는데, 청소 담당인 남편의 관절은 소중하기에 청소기와 물걸레 청소기는 생활의 필수품이다.

나는 각자가 추구하는 인생에서 각자의 물욕을 조절하는 것이 가장 중요하다고 생각한다. 한때 비우는 것에만 집중하다 보니 이 세상에 필요한 건 손에 꼽을 수준이 아닐까 하는 궁금증이 생기기도 했다.

전투적으로 물건을 비우고, 쇼핑의 유혹도 꾹 참아냈다. 나날이 자유로워지는 기분이 들긴 했지만 우울한 기분을 지울 수 없었다. 물건을 하나 비운다는 건 한때나마 좋아했던 것이 세상에서 사라진다는 뜻 같아서. 물건에 의미를 두는 것 자체가 건강하지 못할 수도 있지만 조금은 씁쓸하기도 했다.

그래서 지금은 내 스타일대로 살려고 한다. 남들 눈에는 '넌 여전히 물욕이 가득해! 넌 미니멀리스트라고 하기엔 충분치 않아' 라고 할지라도 지금은 정말 꼭 필요하고 진심으로 갖고 싶은 것만 욕망하니까.

"이대로 충분하다고 말할 수 있는 삶이면 미니멀 라이프 아닐까요? 저는 이제 물욕 때문에 고민하진 않는다고요."

어쩌면 여행도 낭비일까?

● ● ● ● ● ●

진짜 중요한 건 경험이라고 선배 미니멀리스트가 말했다. 물건에 집착하기보다 사랑하는 사람들과 소중한 경험을 쌓으라고 했다. 그렇다면 단연코 여행이야말로 최고의 경험 아닌가?

쇼핑 대왕이던 시절에는 휴가철이 정말 비상이었다. 그렇지 않아도 카드값이 비상인데 여행까지 가야 하니 무이자 12개월이 가능한 신용카드를 발급할 정도로 예민해졌다. 돈이 없으면 안 가도 그만이고 저렴하게 국내 여행으로 눈길을 돌려도 될 텐데.

그러나 나의 여행 스타일은 고급 휴양지에 중점을 두고 있었다. 남편의 휴가가 짧아서 망정이지 사흘 동안 3백만 원 정도는 탕진하고 와야 제대로 휴가를 보냈다며 의기양양했다. 물론 다음 달 카드값이야 죽음이겠지만.

그럴 땐 핸드폰 소액결제를 이용했다.(소액이라고 우습게 보면 큰코다친다.) 최대 50만 원까지 가능하며, 결제일인 이달에 써도 다다음 달에 청구되는 시스템이라 돌려막기 식으로 사용했던 적도 많았다.

그렇다면 여행비만 부담일까? 여행 준비를 위한 돈도 만만치 않다. 휴가지 사진을 위한 화려한 드레스부터 네일 아트, 페디큐어, 뿌리 염색과 속눈썹까지. 휴가지에서의 인생 사진을 득템하기 위한 노력은 여기가 끝이 아니다. 다이어트 주사나 약은 물론 출국 전 면세점 쇼핑과 여행지에서의 쇼핑은 말해 뭐해. 그 당시를 회상하는 처지에서 쓰고 있자니 기가 막힐 노릇이다. 하지만 그때는 그게 당연한 소비라고 생각했다.

그렇게까지 무리를 해가면서 연 1회도 아니고 2~3회는 여행을 가야 했고, 그 모든 것을 블로그에 자랑하는 맛은 정말 달콤했다. 보통 블로거들은 쇼핑이나 여행 둘 중 하나를 하는데 나는 고루고루 다 한다며.(뭐 하나 남다르게는 안 해도 이것저것 빠짐없이 다 하고 있답니다.)

휴양지의 고급 호텔 레스토랑에서 자세를 바꿔가며 사진 찍기에 여념이 없었다. 자괴감도 들었지만 진짜 즐거웠다. 빚이라면 빚이지만 카드값 한번 밀린 적 없는 성실한 소비자라 생각하면서. 아, 과거여.

* * *

　물건에 대한 집착을 많이 버린 후로는 통장에도 여유가 생겼다. 카드 회사가 좀 덜 가져갔다. 그렇다면 드디어 저축을? 인간은 변할 수 있지만 단박에 변하지는 않는다. 여윳돈이 생기니 평소라면 엄두도 내지 못하는 곳을 여행 가고 싶었다. 때마침 추석 연휴가 장장 9일. 나는 무려 일 년을 앞두고 티켓을 끊었다. 미니멀리스트는 경험에 돈을 아끼지 않는 거라면서.

　나는 발리로 신혼여행을 갔다. 처음부터 발리라는 곳을 염두에 두지 않았는데, 고소영·장동건 부부의 신혼여행지였다고 강력 추천하길래 홀딱 넘어갔다. (내가 고소영도 아닌데. 하지만 내 남편은 강동원 닮았으니 내 기분만은 여배우 같다고 치자.)

　막연히 신혼여행은 무조건 몰디브라고 여겼지만 이미 예약한 걸 번복할 수 없어서 발리를 다녀왔고, 결론부터 말하면 발리는 내 스타일이 아니었다. 그 후로 언젠가 기회가 되면 꼭 몰디브에 가겠다고 다짐했지만, 몰디브는 멀기도 하고 가격 면에서도 엄두가 나질 않았다.

그러나 미니멀 라이프 덕에 몰디브를 다 가보네, 룰루랄라 하면서 예약을 하고 시간이 흘러 여행 석 달 전 잔금을 치렀다. 여행비로 지출한 돈이 천만 원. 소스라치게 큰돈이다. 기분이 썩 유쾌하지 않았다. 이제야 겨우 소비습관을 바로 잡아 통장에 돈이 생겼는데 한 번에 써버리고 말았으니 말이다.

그렇지만 경험이 중요한 거라 했다. 여행이 가장 남는 거라고도 했다. 그 누구도 수준에 맞지 않는 큰돈을 들이며 여행 가라고는 안 했지만, 이왕 가는 여행이라면 전부터 소원했던 곳으로 가고 싶었다. '생애 단 한 번 마지막 찬스'라고 외치면서.

그러나 막상 다녀온 몰디브는 우리 동네 언덕에서 바라보는 노을도 몰디브 못지않다는 걸 깨닫게 해줬달까. 몰디브에 간 걸 후회했다는 소리가 아니다. 어릴 때부터 꿈꾸던 곳이었고, 만난 지 10주년이란 명분도 있었다. 빚을 내서 간 것도 아니고 현금으로 한 번에 결제했다. 사진도 남고, 추억도 남고, 경험도 쌓였다. 그런데도 의구심이 들었다. 나는 정말 여행을 좋아하는 걸까? 몰디브는 왜 가고 싶었을까?

솔직히 말하자면 가격 대비 몰디브는 그냥 그랬다. 몰디브 자체로는 충분히 아름다운 곳이지만, 들인 돈 대비 감동이 비례하지 않았다. 백만 원짜리 가방을 열 개 사는 게 더 보람찰 것 같다는 생각이 들었을 정도니까.

* * *

그해에는 여행을 꽤 여러 번 다녀왔다. 따져보니 여행비로만 2천만 원을 썼다. 바꿔 말하면 물건을 2천만 원어치 덜 샀단 얘기다. 그 당시에는 꽤 의기양양했다. 여행 전 바캉스 룩 구매나 면세점 쇼핑 등은 아예 하지 않았기에 진정한 미니멀리스트로 태어난 것 마냥 기고만장했다.

그럼에도 기분이 계속 별로인 건 무엇 때문이었을까? 고민을 거듭하다보니 답은 명확했다. 미니멀 라이프는 물건에만 속하는 개념이 아니라는 것. 내 통장 잔액도 분명 소중한 것인데, 여행에 대해서는 과소비가 잦았다는 걸 깨달았다.

답답한 마음에 재테크 관련 책을 몇 권 읽은 적이 있다. 저자들이 마치 작당이라도 한 듯 하나같이 '여행은 낭비'라고 주장했다. 그리고 '단 며칠 만에 어떤 경험과 가치를 깨닫는지, 요즘 젊은 사람들은 그저 남들 눈만 신경 쓰고 보여주기에만 집착한다'라는 메시지가 재테크 책마다 공통으로 존재했다.

나는 책을 읽으면서도 투덜거렸다. 저자가 불쌍한 사람이군, 여행에서 굳이 뭘 얻으려고 해? 그저 며칠 잘 먹고 잘 놀면 그만이지, 하고 구시렁거리며 '이 책은 정리다'를 외쳤다. 그러나 내가 생각해도 2천만 원은 너무 과했다. 내가 버는 돈의 절반 이상을 여행에 쓸 만큼 여행을 좋아하는 인간인가? 몇 날 며칠을 고민하다 '수준에 맞지 않는 여행은 낭비가 맞다'라는 결론을 내렸다.

하지만 결론을 내렸다고 마음의 평화가 찾아오는 건 아니었다. 이미 쓴 돈이 너무 많았기에 한동안 여행을 가지 않는 게 맞다는 생각을 했다. 그러나 무슨 기념일이라던가 빨간 날이 생기면 여행은 어김없이 나를 유혹했다.(치명적인 여행이란 너, 아주 짜릿짜릿해.)

그래서 비용을 적게 쓰면서 최대의 효율을 내기 위한 여행 찾기에 골머리를 썼다. 하지만 내 취향이 어디 가겠어. 고르다 보면 가격은 점점 비싸지고, '이 정도는 가도 괜찮아' 라고 나 자신에게 외치며 예약을 하지만 예약하자마자 후회가 쓰나미처럼 밀려오는 일이 잦았다. 결국 취소 수수료를 내면서까지 취소를 강행한 적도 있다. 취소 수수료로 십만 원을 날렸지만 안 가면 최소 백만 원을 얻는 셈이다, 라고 나 자신을 위로하면서 말이다.

* * *

그 과정을 거치는 동안에도 블로그에 이를 중계하며 백만 원을 아꼈다고 쓰자 다들 글을 대충 읽는지 대단하다며 박수를 보냈다.(실제로 아낀 게 아니라 쓸 예정인 돈을 안 썼을 뿐인데.) 그러나 그 후의 후폭풍이 정말 대단했다. 꼭 백만 원을 길에서 주운 사람인 양 돈을 쓰지 못해 안달을 냈으니 말이다.

여행이 낭비면 간단하게 문화공연 관람은 어때? 하면서 뮤지컬을 예약했다. 해외까지 가는 건 오버니까 인천 송도의 한옥 호텔을 한번 가볼까? 아니면 전부터 진짜 사고 싶었던 물걸레 자동청소기를 사는 게 가장 합리적인 소비 아닐까?

정신병에 걸린 줄 알았다. 그 모든 과정을 블로그로 중계했으니 나의 이웃님들은 대단히 마음 넓은 사람이라 할 수 있다. 결론은 뮤지컬도 취소하고, 한옥 호텔도 취소했으며, 청소기는 사지 않았다. 그렇게 하기 위해 공돈이 생긴 게 아니라고 어린아이 설득하듯 나 자신에게 조곤조곤 설명했다.(정신 좀 차려, 제발.)

그 대신 소소하게 옷 몇 벌 사는 것으로 나 자신과 합의했다. 쫓기듯이 지하철에서 구매했다. 여유를 두고 쇼핑하면 결제창을 닫는 것으로 끝나기 때문에 급하게 샀다. 그리고 다 실패했다. 세일 상품은 반품이 안 돼서 별수 없이 입게 됐고, 반품으로 돈을 날리기도 했다.

내가 뭘 어떻게 하고 싶은 건지 스스로도 종잡을 수 없을 만큼 하고 싶은 대로 다 하고, 취소하고, 예약하고, 번복하고를 무한 반복했다. 마치 한풀이라도 하듯이. '내가 요 며칠 취소한 거 다 합치면 4백만 원은 되겠군. 나 그럼 4백만 원 아낀 거야?'라고 중얼중얼.

어쨌든 결론은 여행상품을 다시 예약했다는 것이다. 최대한 할인 정보를 찾아내서 처음 예약했던 가격보다 괜찮게 예약했다. 그리고 그제야 마음의 평화를 얻었다.(나라는 인간 참 지긋지긋하다.)

여전히 여행이 낭비인지 아닌지는 내게 너무 어려운 질문이다. 나 자신에게 답하자면 여행은 어쨌든 좋은 거다. 스스로 낭비라고 판단되지 않는 수준에서는 언제라도 즐겁게 떠나면 괜찮지 않을까?

그래서 다음엔 어딜 가지? 하와이를 가고 싶은데 말입니다. 천만 원이 또 필요할지도 모르겠다. 헉, 여행에 대해서 미니멀리스트가 되려면 아직 한참 먼 것 같다.

미니멀 정신, 있어빌리티
진실은 무늬만 미니멀리스트
● ● ● ● ● ● ●

홈쇼핑 회사에 다니다 보니 회의 때마다 어떻게 하면 소비자들을 혹하게 할 수 있을지 늘 고민이다. 물론 물건 자체의 질이 가장 중요한 건 당연하지만 그것만으로는 뭔가 부족했다. 어떻게든 포장하고 푸쉬 하고. 가성비도 중요하지만, 고가의 물건들도 제법 잘 팔린다. 역시 중요한 건 있어빌리티.

있어빌리티 : 남들에게 있어 보이게 하는 능력을 뜻하는 신조어, '있어 보인다'와 'ability(능력)'를 합친 단어.

'이탈리아 명품 브랜드' '뉴요커의 선택' '패피들의 잇아이템' '헐리우드 스타의 선택' '셀럽들도 애용하는' 이런 어구들은 단골로 쓰인다. 누가 봐도 뻔한 멘트이긴 해도 매번 효과가 있는 걸 보면, 있어 보이는 사람들과 동일한 아이템을 소유함으로써 타인에게 있어 보이고자 하는 욕망이란.

PD가 원하는 대본도 그런 거다. "있어 보이게 써주세요." 난 제법 솔직하고 시니컬한 편이라 "뭐가 있어야 있어 보이게 쓰죠." 라고 대답하지만, 그게 내 직업이다 보니 온갖 미사여구를 쥐어짜게 된다. 결국 나조차 그런 문구에 홀라당 넘어가서 사들인 물건이 그 얼마나 많았나.

미니멀 라이프를 하면서 수없이 버렸지만 아이러니하게도 미니멀리스트로서의 있어빌리티가 존재했다. 아무것도 없는 하얀 벽에 반짝이는 마룻바닥.

유명한 미니멀리스트는 대놓고 미니멀 라이프의 필수품을

제시하기도 한다. 초반엔 아무 것도 몰라서 그게 정답인 줄 알고 멀쩡한 거실 테이블까지 버리지 못해 안달을 냈는데 다 시행착오 거니 싶다. 다만, 시행착오가 너무 대단하고 전투적이라 문제였지만.

* * *

미니멀 라이프 역시 누군가 정해준 스타일을 무조건 따라 하는 건 옳지 않다고 생각한다. 교과서 삼아 열심히 참고하는 건 좋지만, 교과서만으로 수학 문제를 모두 해결할 수 없듯이 누군가의 책 한 권으로 내 인생을 해결할 수는 없다.

그저 따라하기에만 급급하던 나는 '미니멀 정신 있어빌리티'를 실행했던 것 같다. 열심히 버리는 만큼 미니멀 라이프를 하고 있다고 여겼다. 양말 한 짝을 버려도 블로그에 찍어 올리고, 미니멀 라이프 실천 폴더에 사진이 늘어날 때마다 뿌듯하기도 했다.

그런데 물건을 매일 사서 찍어 올리며 자랑하던 그 시절과 지금의 행동이 뭐가 다른거야? 물론 다르긴 하지만 왜 그런 행동을 했는지보다 타인의 시선을 의식한 행동에 가까웠다고 이제야 고백한다. 매사를 솔직하게 표현한다고 주장했지만 나 역시도 SNS 중독자라서.

솔직한 모습을 연출하기 위한 솔직함을 실행했을지도 모를 일이다. 스스로 쇼퍼홀릭이라고 부를 땐 매일매일 쇼핑을 해서 상품 리뷰를 쓰고 싶었고, 나 자신을 미니멀리스트라고 부를 땐 매일매일 갖다 버리지 못해 안달을 냈다.

요즘은 무언가를 버려도 블로그에 기록하지 않는 날이 더 많다. 버리는 게 더는 자랑스럽지 않기 때문이다. 그건 신중하지 못하게 구매했다는 뜻이기도 하고, 환경을 파괴하고 낭비했다는 건 의기양양할 일이 아니라 부끄러운 일이기도 하니까.

또 미니멀 라이프 시행 후에는 무언가를 샀다는 포스팅이 부끄러워서 갖은 핑계와 합리화로 무장한 글을 쓰기도 했는데, 이제는 당당하다. 정말 고민해서 샀고 너무나 마음에 드니까. '여러분도 이런 종류의 물건이 필요하다면 고려해 보세요'라고 기쁜 마음으로 포스팅을 한다.

남들이 나에 대해 어떻게 생각하는지 그건 중요치 않다.(타인은 타인에게 관심이 없다.) 중요한 건 남들의 시선이 아니라 나 자신의 삶이다. 그래서 진짜 미니멀리스트냐고? '네, 그렇습니다' 라고 말하고 싶지만, 솔직히 아직은 무늬만 미니멀리스트에 가깝다고 해야 하나? 아직도 진화 중이라고 해둡시다.

* * *

나른한 오후, 소파에 누워 집안을 둘러보니 불필요한 물건이라고는 조금도 보이지 않아 꽤 미니멀리스트답다는 생각을 했다. 하지만 팬트리 앞에 서 있으면 여전히 정리정돈만 잘하는 맥시멀리스트 같다는 생각도 들었다. 집착을 놓을 수 없었던 옷과 책 그리고 마음을 비웠지만, 여전히도 생필품은 미니 마켓 수준으로 보유하며 살고 있다. 종종 이대로 다 갖다버리고 싶은 생각이 들기도 하고, 충동적으로 여기저기 나눠 주기도 하고, 자기반성을 하는 포스팅을 하기도 한다.

가끔 아니 빈번히 '진짜 미니멀 라이프는 어떤 삶일까? 진짜 미니멀리스트가 될 수 있을까?'라는 고민을 한다. 정답은 없다

지만 정답 비슷한 것이라도 알고 싶을 때가 많다. 그럴 때 도움이
되는 건 나의 미니멀 교과서를 쓴 사사키 후미오 씨의 미니멀리
스트 정의.

'내가 생각하는 미니멀리스트는 자신에게 정말로 필요한 물
건이 무엇인지 알고 있는 사람이다. 남의 시선을 의식하여 물건
을 가진 사람이 아니다. 무엇이 소중한지를 알고 그 외에 물건을
과감히 줄이는 사람이다. 무엇이 필요하고 무엇이 소중한지는 사
람마다 다르다. 미니멀리즘에 정답은 없다.'

역시 사사키 씨는 대단해. 정답은 없다고 해놓고 정답을 말
해주는 미니멀리스트 대선배님의 말씀에 무릎을 탁 하고 쳤다.

팬트리에 가득 들어찬 물건들은 따지고 보면 다 필요한 물건
들이다. 다소 양이 많을 뿐 유통 기한도 넉넉하고 늘 쓰는 것들로
만 미리 사놓은 터라 죄책감을 가지는 건 감정 낭비에 가깝다.

그와 동시에 나는 미니멀리스트가 되려면 멀었다는 생각도
든다. 어쩌면 미니멀 라이프가 무엇인지도 모르는 사람보다 훨씬

많은 물건을 소유하고 있는지도 모르니까. 아무리 물건의 개수가 중요하지 않다 쳐도 생활의 편리함을 위한 물건은 거의 소유하고 있고, 그럼에도 미니멀한 집안 풍경을 연출하기 위해 더 큰 집을 욕망하기도 하니까.

* * *

나에 대해 솔직히 평가한다면 미니멀 정신 있어빌리티를 추구하는 무늬만 미니멀리스트? 다소 자괴감이 들어서 역시 다 갖다 버려야 하나, 다람쥐 쳇바퀴 돌 듯 같은 생각을 반복하고 있었다. 사사키 후미오 씨는 이런 말씀도 하셨다.

'미니멀리스트는 중요한 것을 위해 줄이는 사람이다. 따라서 줄이는 것 자체가 목적이 아니라 수단일 뿐이다. 물론 물건을 줄여 얻고자 하는 것은 사람마다 다르다. 미니멀리즘을 목적이라고 착각하면 일을 달성한 후에 기다리고 있는 건 허무함 뿐이다. 물론 미니멀리즘이 목적으로 혼동될 만큼 효과가 크고 추구할 가치가 있는 수단임엔 틀림없다. 중요한 것은 줄인 후에 무엇을 할 것인가다. 각자 자신만의 이야기를 그려보자.'

　진실은 맥시멀하고 무늬만 미니멀리스트인 나지만, 좌절하거나 나의 미니멀 라이프를 비난하진 않는다. 내 미니멀 라이프는 나만의 것이니까.

　정말 소중한 것이 무엇인지 찾기 위해 수없이 많은 물건을 버렸고, 내가 살고자 하는 인생의 방향을 찾아가고 있는 것에 의의를 두며, 이런 시련도 과정이거니 생각한다. 아직은 겉 포장에 불과한 미니멀리스트지만 내 인생을 사랑하며, 진정한 나다움을 혹시나 찾을 수 있길 바라본다. 못 찾아도 찾아보려 기웃거리는, 인생 자체를 즐길 수 있는 내가 되길 바란다.

　불만 대장이라 내가 좋아하는 사노 요코 할머니처럼 사는 (live) 게 뭐라고, 사는(buy) 게 뭐라고. 빈정거리고 싶지만 미니멀 라이프가 뭐라고. 좋은 겁니다.

미니멀 라이프 실천, 1년 후
● ● ● ● ● ●

어떻게 지나갔는지 모를 정도로 정신없는 한 해였다. 2016년 설날 미니멀 라이프라는 세계를 처음 접한 뒤 또 다른 세계가 열린 듯한 충격을 받았다. '무조건 많은 것이 최고다. 쇼핑 만만세. 일단 사고 보자'라는 마음을 내려놓고 '이 정도면 충분해'를 외치게 됐달까?

수없이 많은 미니멀 관련 서적을 찾아 읽었으며, 더 나아가

온갖 관련 책들까지 섭렵하며 새로운 세계를 탐험했다. 그리고 일 년여의 세월을 보낸 후에 깨달은 건 바로 미니멀 라이프가 내 스타일이라는 것이다.

미니멀 라이프를 통해서는 얻은 것보다 잃은 것이 많다. 수없이 많은 원피스와 책을 버렸고, 카드값을 줄였고, 타인의 인생에 대한 질투심을 상실했으며, 무기력한 일상도 졸업했다. 한마디로 미니멀 라이프 만만세다.

지난 일 년간 행했던 실천들을 잠깐 돌이켜 보면 매우 열심히 했다. 골치 아픈 순간도 많았지만 대체로 즐거웠기에 매 순간을 즐기면서 활기차게 보낸 한 해였다고 평가한다.

비우기

미니멀 교과서 탐독 후 일단 무조건 버리고 보라길래 과감하게 버렸다. 책을 읽은 날로 서재부터 정리. 그 당시에는 중고책 판매 시스템을 알지 못해서 재활용 쓰레기로 내놓은 책이 3백여 권 정도 되고, 그 후부터 매주 바이백 시스템을 통해 5백여 권 이상의 책을 정리했다.

옷도 10킬로 이상 처리했다. 벌로 치자면 수백 벌 가까이 될 것 같은데, 그 과정에서 우리 집의 수납력에 대해 감탄했다.(수납장을 사야겠다 싶으면 옷을 정리하라.)

그 외에도 온갖 잡다한 오만 가지 물건을 정리했다. 자잘한 수납 도구까지 전부 버렸고, 서랍에 박힌 정체불명의 물건들도 과감히 버렸으며, 멀쩡한 물건들을 여기저기 나눠주느라 정신없는 몇 달을 보냈다.

인앤아웃

이것에 대해서는 차후 다시 짚고 넘어갈 필요가 있는데, 잡다한 것들을 수없이 버리는 동시에 제대로 된 물건이 갖고 싶다는 욕망 아래 인앤아웃의 함정에 빠지기도 했다. 멀쩡한 코팅 냄비 세트가 보라색이라는 이유로 명품 스테인리스 냄비와 무쇠 냄비 세트를 구매한 것은 아주 황당한 인앤아웃의 실패 사례.

더불어 집안의 온갖 물품을 무채색으로 바꾸는 데 최선을 다했다. 그러나 이 모든 게 미니멀 라이프와 미니멀리즘 인테리어를 혼동해서 생긴 일이라는 걸 알았다. 그 과정에서 특정 브랜드에 과도하게 집착해 다시 쇼퍼홀릭으로 돌아갈 뻔한 적도 있다.(스스로 무인양품 성애자라 부르짖었으며, 내 블로그 이웃들이 무인양품을 지나가면 내가 생각난다고 할 정도로 정신 못 차리는 행동도 하긴 했다.)

옷 안 사기 백일

아무리 버리고 물욕을 비워도 원피스에 대한 욕망은 나를 들끓게 했다. 쇼핑을 주제로 외국인들이 쓴 책을 몇 권 읽었는데, 쇼핑에 대한 욕망은 국적을 불문하는 것 같다. 어느 저자는 일 년 동안 옷을 안 사기로 했다지만, 나에게 일 년은 너무 길다. 그래서 백일로 연 3회를 시행하자고 결정했고, 첫 번째 시도는 일단 성공했다.

다만 성공 후 성공보상이란 이름으로 단박에 다섯 벌의 옷을 샀으며, 한 달도 되지 않아 그중 세 벌을 처분하는 일이 발생했다. 그때 알게 된 사실은 무조건 참는 게 내게는 그다지 도움이 되지 않는다는 것.

요즘도 옷이 사고 싶을 때가 많은데, 그럴 땐 바로 결제하지 않고 며칠 정도 여유를 두며 생각한다. 또 하나의 쇼핑몰에 국한하지 않고 여러 사이트를 둘러보면서 모델이 입은 다양한 모습을 살펴보고, 내가 입은 모습을 시뮬레이션하는 치밀함까지 더했다.

한 해 동안 산 옷이 이것밖에 되지 않는다는 포스팅을 한 적이 있는데, 어떤 누군가가 '저는 미니멀리스트는 아니지만 몇 년간 제가 산 옷보다 많다' 라고 해 충격을 받은 적이 있다. 그땐 두 볼이 벌게지기도 했지만, 지금이라면 쿨하게 대응할 수 있을 것 같다. 미니멀리스트라고 갖고 싶은 것, 좋아하는 것이 없는 건 아니니까.

나에게는 옷과 책이 그렇다. 비교 대상은 오직 과거의 나라고 생각한다. 옷 개수에 집착해 억지로 줄여 보려고 한 적도 있으나 오히려 스트레스만 가중됐다. 과거의 나와 비교하면 충분히 나아지고 있으니 그런 나에게 박수를 보내주고 싶다.

카드값 없애기
신용카드 할부 금액이 매달 2백만 원 가까이 누적되어 있었다. 월급을 받아도 카드 회사가 모두 가져갔고, 부족한 돈은 핸드폰 소액결제로 쓰던 상황. 아무리 절약하고 돈을 쓰지 않아도 쌓이는 할부 금액에 숨이 막혔고, 그런 와중에 돈이 없다는 이유로 적은 금액에도 할부를 남발했다. 무조건 할부 3개월이 되는 신용카드를 만든 적도 있다.

신용카드를 없애려는 노력은 일전에도 해본 적이 있다. 적은 돈이나마 적금을 타면 무조건 쌓인 할부 금액부터 없애고 현금을 써야지. 물론 시도를 했으나 목돈은 목돈대로 없어지고, 할부 금액은 그대로 쌓여갔다.

할부 금액을 없앤 기념으로 또 비싼 물건을 산 것 같다. 딱 이것 하나만 할부로 사면 아무런 문제가 없을 거라고 나 자신을 유혹했다. 내 안의 골룸과 스미골이 대화하듯이.

골룸 : 이 정도는 사도 돼. 고생 많았잖아.

스미골 : 카드값을 어떻게 없앴는데, 신중해.

골룸 : 스미골, 조용히 해. 국가 경제를 위한 소비라고.

스미골 : 또 옛날처럼 살고 싶은 거야?

나 : 이번 한 번만 마지막으로 골룸 말을 들을게.

스미골 : 에라이, 이런 멍청한 호빗아.

미니멀 라이프가 거의 일 년 가까워질 무렵에도 카드 할부 금액은 여전했다. 12개월로 지른 물건이 오죽 많았으면 미니멀 라이프를 하면서도 카드값 정리가 쉽지 않았다.

그때도 한 권의 책을 읽었다. 신용카드 빚을 다 갚았다는 주제였는데, 그걸 읽다가 단박에 보험을 해지했다. 10년 유지 시 복리로 이자를 받을 수 있는 저축 보험 상품이었다. 물론 5년이나 더 내야 했지만.

과거에도 몇 번이나 보험을 해지해서 카드값을 청산해볼까 고민했으나 나 자신에게 한두 번 발등을 찍혔어야지. 하지만 이번엔 좀 다른 기분이 들었다. 할 수 있을 것 같다는 믿음.

다음날로 해지 신청을 했고, 다행히도 원금을 보장받아 그날로 모든 카드값을 정산했다. 그리고 몇 달간 신용카드는 아예 쓰지 않았다. 다시 예전으로 돌아갈까 봐 두려웠다. 체크카드를 생활화했으나 포인트도 못 받고 혜택도 적어서 바보 같은 짓이란 생각도 했지만, 적어도 빚은 생기지 않았다. 카드값은 외상 같은 거니까. 특히 할부는 절대로 하지 않는다.

가끔 미용실에 가면 큰돈을 쓰게 되는데 '몇 개월로 해드릴까요'라는 질문에 제법 의기양양하게 '당연히 일시불이죠'라고 말할 때의 희열이란. 스스로 아주 칭찬해.

저축

카드값을 정리하니 생활의 여유가 생겼다. 미니멀 라이프 열 달째 카드값을 정리했고, 그달부터 저축도 하게 됐다. 창피한 얘기지만 그전까지는 월급의 최대 10%가 저축의 전부였다. 그러나 카드값 정리 후부터는 매달 50%씩 저축을 하고 있다. 누군가가 돈 모으는 맛을 아무리 얘기해도 모아봤어야 알지, 돈은 쓰는 맛이라고 주장하던 지난날의 나는 이제 안녕. 그저 불안하기만 한 노후여, 내가 잘 준비해볼게.

자아 성찰

스스로가 누군지에 대한 고민이 가장 컸다. 어떻게 살고 싶은지, 어떤 인생을 살고 싶은지. 미니멀 라이프를 하면서는 내가 무엇을 소중하게 여기는지, 원하는 삶이 무엇인지에 대한 고민이 깊었다.

수없이 버리고 여러 번의 시행착오를 겪을 때는 아무런 걱정이 없었다. 그러나 물건을 거의 다 버리고 난 다음에는 무엇에 기쁨을 느끼고 살아야 할까, 어떤 인생이 행복한 인생인지에 대해 처음으로 진지하게 고민을 하게 됐다.

미니멀 까페 커뮤니티에 어떻게 살아야 할지 모르겠다는 글을 올린 적이 있다. 하루하루 일상을 소중히 여기며 특별한 것을 찾지 말라는 글들이 많았다. 하지만 그러기에 내 인생은 너무나 길고, 나는 도인이 되고 싶은 게 아니었다.

많은 수도승이 미니멀 라이프를 행한다고 한들, 내가 미니멀 라이프를 한다고 수도승이 되는 건 아니잖아. 전보다 덜 욕망할 뿐 여전히 원하는 물건들은 '언젠가' 리스트에 잔뜩 쌓여 있다.

나 자신에게 수없이 묻고 또 물었다. 그래서 내린 결론은 내 마음대로 살기. 지금껏 그래왔듯이 말이다. 의식하지 못했지만 지금껏 내 마음대로 살아왔고, 서른 넘어 몇 년은 희한하게도 남들처럼 살고 싶어서 괴로워했던 것 같다.(언제부터 내가 그랬다고.).

* * *

써놓고 보니 일 년 동안 제법 많은 일이 있었다. 그저 쇼핑만

하던 내가 많은 것을 실천하고 행동했던 한 해. 2016년 미니멀리스트 일 년 차로서의 점수를 매겨 보자면 B+ 정도는 주고 싶다. 중간에 인앤아웃의 함정에만 빠지지 않았어도 A-는 주고 싶은데 별수 없지. 대학 때 전공이 C, D로만 가득했던 것과 비교하면 생명공학보다는 미니멀이 적성에 맞는가 보다.

미니멀 라이프는 그저 물건만 버리는 게 아니라는 것. 어떻게 살고 싶은지, 내가 소중히 여기는 것이 무엇인지, 내가 바라는 인생이 어떤 것인지 알게 해준 일 년이었던 것 같다.

절약보다는 미니멀 라이프

● ● ● ● ● ●

인생을 살면서 다이어트만큼이나 결심을 많이 한 게 절약이었던 것 같다. 그런데 다이어트는 가끔 성공한 적이 있으나 절약은 단 한 번도 성공한 적이 없다. 짠돌이 카페 같은 곳을 기웃거리기도 하고, 재테크 관련 서적을 섭렵해도 공감이 가질 않았다. 되레 스트레스만 받았을 뿐.

월급날이 돌아오면 그날로 카드빚 잔치. 매달 '이번 달까지만 카드 쓰고 다음 달부터는 절대로 안 쓸 거야'라고 결심해봤자 손에 남는 돈이 있어야 카드를 안 쓰지. 하물며 나날이 늘어나는 할부 금액 때문에 어떤 달은 카드값을 내고 나면 보험료를 내지 못할 정도로 심각한 달도 있었다.

카드사에 전화해서 부랴부랴 결제일을 바꾸는 시도도 해보고, 보험 결제일까지도 바꿨다. 그 당시엔 어떻게든 넘겼지만 지금 생각하면 참 다이내믹하게 살았구나 싶다. 뭐가 그렇게 갖고 싶었길래.

굳은 마음으로 절약하리라 결심했을 당시에도 십 원 한 장 쓰지 않고 지나가는 날이 단 하루도 없었다. 그때는 정말 모든 게 다 필요했다. 정확히는 '갖고 싶다 = 필요하다'와 같은 개념으로 이해했다. 지금이야 갖고 싶은 것이 꼭 필요한 건 아니기에 어지간하면 소유하지 않는다. 일시적 변덕인 경우가 많으니까.

절약을 결심했을 때 5만 원짜리가 갖고 싶으면 생긴 건 비슷한데 좀 더 싼 걸 찾아 헤맸다. 결국에는 허접한 걸 사게 되고, 반품하기 번거로우니 쌓아두고, 또 새로 사고, 또 실패하고. 이런 과정을 반복하다 보니 난 분명 절약을 한다고 했는데 카드값은 조금도 줄지 않는 사태가 발생하기도 했다. 게다가 나름 절약한 답시고 스스로 들볶았더니 그 스트레스가 오죽 커서 스스로 위로하는 명목으로 날 위한 선물을 남발하기도 했다.

희한하게도 절약을 결심할수록 카드값이 증폭하는 기이한 현상이 반복되면서 어느 순간부터 절약 자체를 포기했다. 그 당시 나를 지켜보던 회사 지인은, 매일 매 순간 무언가를 사고 있는 인간은 처음이라고 고백했다. 그때는 정색을 했지만, 지금은 순순히 인정한다. 나는 소비 중독자였다.(절약은 무슨)

* * *

미니멀리스트 3년 차로서 통장 잔액을 확인해보니 올 한해 제법 많은 돈을 저축했다. 매달 수입이 생기면 생활비를 제외하고는 모두 저축 통장에 입금하고 있는데, 어이없게도 내가 10년간 모은 돈보다 많은 돈을 올 한해 저축했다.

그전에는 돈을 거의 모아본 적이 없기에 지금의 나 자신을 엄청 대단한 사람처럼 생각하고 있다. 블로그에 자랑도 여러 번 했다. (비웃지 말라고요. 제 인생에선 처음 있는 일이라고요.)

그리고 난 올 한해 절약을 하겠다는 생각을 단 한 번도 하지 않았다. '물욕이 완전히 사라진 거야?' 라고 누가 물었는데 그건 아니다. 여전히 갖고 싶은 건 많고, 때로는 사기도 한다. 다만 예전의 나와 다른 점은 절약에 대해서 크게 신경 쓰지 않는다는 것뿐이다.

절약의 사전적 의미는 '함부로 쓰지 않고 꼭 필요한 데에서만 써서 아낌'이다. 꼭 필요하다는 것의 기준은 사람마다 다 다르겠지만 해외여행이나 뮤지컬 관람, 명품구매는 절약하는 사람에게는 사치로 분류된다.

과거에는 절약을 결심하면 내 인생의 모든 즐거움이 제약받는 느낌이었다. 앞으로 여행도 못 가고 문화생활도 못 즐길테니 필요한 식료품을 잔뜩 사거나 이것저것 건강식품이라도 먹으려 했다. 게다가 돈을 아껴 써야 하니 이왕 싼 거, 세일 물건에 집착하면서 스트레스만 왕창 받았다.

그리고 티끌 모아 티끌이라고 누가 그랬어? 티끌 모아 태산이다. 그런 자잘한 것들만 구매해도 카드값은 어마어마했다. 물론 그렇지 않은 사람도 있을 것이다. 절약을 결심하면 기가 막히게 저축부터 하는 사람들. 그런 사람들이야 이 책을 우연이라도 손에 잡을 일은 없으리라 생각한다.

* * *

지금은 절약이라는 단어를 굳이 고집하고 있지 않으니 여행을 가고 싶으면 가고, 공연을 보고 싶으면 본다. 대신 세일 하는 물품에는 집착하지 않는다. 꼭 필요한 거라면 득템이라고 환호를 지르겠지만 세일이라 해서 일단 발걸음을 멈추진 않는다는 뜻이다. 세일만 끊어도 돈 나갈 일이 훅 줄어드니까.

말이 쉽지 세일을 끊는 건 쉬운 일은 아니었다. 오늘만 해도 엄청난 세일 광고 메일을 받았고, 문자까지 여러 통 받았다. 수백 군데 쇼핑몰에 가입했으니 세일 정보는 거의 홍수 수준.

그 와중에 좀 반가운 메일도 있다. 일 년간 쇼핑몰을 이용하지 않아 휴면 아이디가 된다는 메일. 꽤 좋아했고, 매일 습관적으로 둘러 보며, 오늘 단 하루 5% 할인 코너에 살던 나로선 놀랍기도 했다.

요즘은 메일이 도착하면 읽어 보지도 않고 삭제한다. 사실 예전에는 아침마다 하나씩 클릭해서 세일 정보를 정독하는 게 일과였다. 득템 정보라고 블로그에 올리기도 하고, 친한 지인들에게 카톡으로도 보내주기도 했으며, 상대방이 심드렁하면 이런 고급 정보를 나눠주는데 반응이 시원찮다고 툴툴 대기도 했다.(아주 옛날 일도 아닌데 참 까마득한 옛날 같다.)

수입이 많은 게 아니라서 아무리 절약해봤자 한 달에 50만 원 저축은 무리라고 생각했다. 그리고 실제로도 못했다. 그러나 지금은 그때와 버는 돈에는 큰 차이가 없음에도 꽤 많은 돈을 저축하고 있다. 지지리 궁상으로 사는 것도 아니고 잘 먹고 잘산다. 그러니까 그 어려운 절약보다는 미니멀 라이프를 하라고 자신 있게 말할 수 있다.

무조건 아끼기 위해 싼 것을 사려고 하다 보면 분명 요요가 온다. 요요가 올만큼 노력해서 목돈을 쥐었다면 그나마 다행이지만, 나 같은 경우에는 돈은 돈대로 쓰면서 요요만 계속 온 경우라 할 수 있다.

만일 나와 비슷한 부류의 사람이라면 미니멀 라이프를 심각하게 고민해보길 바란다. 서랍이나 옷장을 열어서 물끄러미 바라보고 있으면 '이게 정말 내가 갖고 싶었던 걸까?' 의구심이 드는 아이템이 있을 것이다. 그런 것만 몇 개 추려서 계산기를 두드려봐도 제법 큰 돈임을 금방 알 수 있다.

　오래 입어서 낡거나 질린 옷이라면 그 몫을 다했으니 넘어가도 좋지만, 있는지도 몰랐거나 새것인데도 손이 안 가는 것들. 억지로 절약하지 말고 그런 물건들을 최대한 소유하지 않으려고 노력하는 삶이 내가 말하고 싶은 미니멀 라이프다.

미니멀 라이프 vs. 미니멀리즘 인테리어

● ● ● ● ● ● ●

　버리기 대장이자 모닝 정리 변태일 때 정말 열심히 포스팅했다. 하루에도 수차례 올리다 보니 네이버 메인에 오른 적도 있고, 여러 출판사에서 미니멀 라이프 관련 서적 리뷰도 들어왔다.

　몇몇 권의 책을 받아 본 적이 있는데, 다 그런 건 아니지만 그 당시에 이런 의문이 들었다. '이게 미니멀 라이프가 맞아?' 상품 카탈로그 같은 것을 보내주고 미니멀리스트를 위한 추천 아이템이라고 하는데, 포스팅하면서도 기분이 찜찜했던 기억이 난다.

어떤 서적들은 교과서처럼 미니멀 라이프의 하우 투를 알려준다. 벽은 흰색이 좋고, 바닥은 우드가 좋으며, 아이템의 컬러도 화이트, 베이지, 그레이 같은 색감이 질리지 않는다는 게 전부다.

그 또한 의구심이 들었지만, 미니멀리스트 대선배들이 하는 말이라 고개를 끄덕였다. 그때 빠진 게 바로 인앤아웃의 함정이다. 미니멀리스트가 핑크빛 아이템을 가질 순 없으니까. 식당에서 쓸법한 양념통을 사서 간장, 식초, 참기름을 줄줄 흘리며 옮겨 담은 뒤 일렬로 세워놓고 사진을 찍는 나 제법 미니멀리스트 같다며 포스팅했다.

지금 생각하면 참 귀엽다. 난 나 자신에게 관대하니까 한심하다기보다는 귀엽다고 표현하고 싶다. 미니멀 라이프의 우등생이자 모범생이 나야 나! 하면서 책에서 하라는 대로 열심히 따라 했다.

그런 날이 반복되는 동안 미니멀 라이프를 검색하다 보니 누가 누가 더 잘 비우나, 누구네 집이 물건이 더 없나, 경쟁하듯 오묘한 분위기를 포착했다. 미니멀 카페에서는 '이 물건을 버려야 할까요? 우리 집이 미니멀 하우스 같나요?' 라는 글들도 심심찮게 목격했다.

그래도 이건 아니지 않나 싶었다. 미니멀 라이프가 새로운 라이프스타일이니 이미 시행하고 있는 사람들의 지혜를 나누는 건 좋은 일이고 필요한 일이기도 하지만, 본인 집에 있는 테이블을 버려야 할지 말아야 할지 물어보는 건 좀 그랬다.

하지만 지금에서야 내가 그렇게 물었다고 고백한다. 그 테이블은 아직도 거실에서 사용 중이다. 그리고 앞으로도 잘 사용할 예정이다. 다만 꼭 필요한 아이템이긴 하지만 꽤 부피가 커서 미니멀 하우스엔 걸맞지 않다는 느낌이 들 뿐이다.

한번은 우리 집을 촬영하러 온 적이 있는데, 사진기자가 거실 테이블을 치우고 사진을 찍자는 말을 했다. 결국 우리 집은 테이블 없이 휑한 거실의 사진으로 당시의 책에 실렸다. 실제로 치우고 살아본 적도 있지만, 너무나 불편해서 이 테이블은 우리 집에 꼭 필요한 물건으로 결론을 내렸다.

* * *

그 당시에는 아무것도 없이 휑한 집이 미니멀 라이프의 정석이라고 착각했다. 나 외에도 많은 사람이 미니멀리즘 인테리어와 미니멀 라이프를 하나의 세트로 생각하는데, 이는 반드시 구분할 필요가 있다. 미니멀리즘 인테리어를 추구하면서 미니멀 라이프를 살 순 있어도, 미니멀리즘 인테리어를 해야 미니멀리스트인 건 아니다.

벽지가 분홍색이면 어떻고 검은색이면 어때. 각자에게 필요한 것을 선별해 자신의 인생을 구성하고 산다면 그게 바로 미니멀 라이프 아닐까. 벽지 색깔이나 바닥 자재가 무엇인지는 그저 취향의 문제일 뿐.

미니멀 라이프라는 이름을 달고 출간하는 많은 도서도 분명 문제가 있다고 본다. 정확히는 미니멀리즘 인테리어라고 표현하는 것이 올바른 표현이라 생각한다. 특히 무인양품 카탈로그 같은 서적들이 아주 많은데, 대놓고 미니멀리스트를 위한 물건이라고 소개한다.

나 역시도 무지성애자이고, 직원 수준으로 모든 아이템을 알고 있다. 취향 저격이라 인앤아웃이란 명분을 내세워 온갖 무인양품 소품을 사들였으며, 일본 여행 때마다 무조건 찾는 곳도 바로 무인양품이었다.

요즘엔 정신이 좀 들었는지 무지의 단점이 눈에 들어와서 예전만큼 무조건 선호하지 않는다. 가격대비 품질의 우수성은 인정할 수 없고, 디자인만은 훌륭하다는 결론. 과거엔 미니멀 라이프를 위해 새 아파트로 이사를 해야 할까 고민도 했는데, 미니멀 라이프를 위해 집을 옮긴다는 건 좀 아니잖아?

하지만 새 건물에 온통 새하얀 벽지, 반짝이는 우드 바닥, 그리고 무심한 듯 시크하고 미니멀한 디자인의 가구들이 여백의 미를 살려 인테리어된 방 3개짜리 집의 이모저모를 사진으로 찍어 블로그에 올리고, 네이버 메인에 오르고 싶었다고 지금에서야 고백한다.

여전히 새집에 대한 열망은 있지만, 굳이 없는 빚을 만들면서까지 무리하는 것도 욕심이라 생각한다. 집이 허물어져 가면 어떻고, 벽지가 촌스러우면 어때. 나 자신이 만족하는 삶이라면 그것으로 충분히 미니멀 라이프!

미니멀리스트 남편, 컨펌을 부탁해

• • • • • •

인앤아웃을 핑계 삼아 거슬렸던 물건들을 처단하고, 미니멀리스트의 잇 아이템 같은 물건들로 하나하나 바꾸면서 극한 희열을 느꼈던 과거를 고백한다. 어지간히 바꾸고 난 뒤에야 '이건 진정한 미니멀 라이프가 아니야!' 라고 외쳤지만 이미 충족할 정도로 바꿨기 때문에 괜히 해본 소리였다는 것도 부끄럽지만 인정한다.

솔직히 지금도 미니멀리즘 인테리어에 대한 욕망이 들끓고 있다. 다만 예전과 같이 굳이 일부러 버리고 새로 사지 않을 뿐 위시리스트에는 여전히 꽤 많은 물건을 담아두고 있다.

이를테면 슈퍼 파워의 무선 청소기라던가, 자동 물걸레 청소기 같은. 한번 사면 꽤 오래 쓸 수 있는 물건들이라 구매를 해도 죄책감이 없을 것 같은데, 우리 집 청소담당자가 컨펌을 내려주지 않고 있어서 애가 탈 지경이다.

방송에 나올 때마다 "우리 집도 저거 저거. 오빠, 저거 있으면 청소 진짜 잘되지 않을까?" 초롱초롱한 눈망울로 물어보면 남편은 "어 좋네. 그런데 지금 집에 있는 것으로도 충분해." 한 마디로 상황 종료.

하아, 답은 이미 정해져 있는데 왜 자꾸 오답을 말하는 거야? 그전 같으면 남편의 의견 따윈 전혀 고려하지 않고 사기부터 했을 텐데, 지금의 나는 이성적으로 구매를 보류하고 있다. 우리 집 청소 담당은 남편이고, 진공청소기를 내가 직접 돌린 건 세 손가락에 꼽을 정도로 드문 일이니까.

1~2년 전쯤 미니멀리즘 디자인에 입각한 하얗고 작은 청소기를 구매한 적이 있다. 미니멀 카페에서 이 청소기를 샀다는 사람이 하도 많길래 나도 모르게 스스로 합리화를 하며 구매했다. 이걸 사면 매일 쓰는 정전기 청소포를 쓰지 않으니 환경보호라며. 남편이 늦게 퇴근하면 내가 가볍게 돌릴 수도 있겠지?

나는 나를 잘 아는 것 같으면서도 모르나 보다. 결론부터 말하자면 그 청소기는 우리 집 애물단지가 됐다. 택배가 도착한 날에만 내가 써봤다는 걸 고백한다. 청소담당자 말로는 파워가 부족해서 제대로 청소가 되지 않는다고 한다. 아직도 살짝 미련이 남아 있어 창고 구석에 세워둔 상태다.

버리기에는 너무 새것이고, 팔기에는 부피 때문에 번거롭고, 누굴 주기에는 성능이 애매하다. 환장할 노릇이지만 조만간 과감한 결정이 필요할 것으로 보인다.(집에 놀러 온 친구에게 기부했다. 앗싸!)

그러니까 울트라 무선 청소기도 청소담당자의 컨펌을 받은 후 사는 것이 현명한데, 나는 왜 그렇게 그 청소기가 갖고 싶은 걸까. 내가 직접 청소를 하는 것도 아닌데. 그 디자인이 제법 미니멀스러워서? 지금 쓰고 있는 오래된 청소기가 노란색이라 촌스러워 보여서? 딩동댕.(어떤 청소기든 창고에 넣어두고 쓸 테고, 누굴 보여줄 것도 아닌데 참 부질없는 욕망이구나.)

* * *

내가 욕망하는 또 하나는 자동 물걸레 청소기다. 이건 청소담당자도 조금은 호의적인데, 우리 집 구조상 효율적이지 않다는 걸 우리는 알고 있다. 내가 몇 번이나 광고 방송을 직접 준비한 적도 있으니까. (여전히 직업이 문제인가.)

주부들의 잇 아이템. 누가 걸레질을 직접 해요?
힘든 집안일 굿바이. 오늘 구매하시면 최대 할인.
올해 마지막 단 한 번의 기회.

스스로 영업 당한 기분도 든다. 견물생심이라는 말이 괜히 있는 게 아니다. 핑계 같지만 내가 맥시멀리스트가 된 건 많이 알고, 많이 봤기 때문일 수도 있다. 지금 역시도 신상품 회의에 가면 '세상에 이런 물건이!'라고 외치면서 신세계를 마주하고, 그때만큼은 당장 갖고 싶다는 욕구가 샘솟는다. 물론 사지는 않지만.

예전에는 '고민할 시간에 지르고 보자. 할부로 어떻게든 되겠지. 사놓으면 언젠가 쓰겠지. 요즘 이거 없다는 프로 주부 없다던데 나도 당연히 있어야지?'라는 생각이 지배적이었다. 그러나 이제는 당장 갖고 싶다는 이유로 물건을 구매하진 않는다. 여전히 타인의 눈을 의식하지 않고 사는 건 아니지만, 사뭇 미니멀리스트인 양 떠들고 있는 형편이라 '이번 달엔 아무것도 사지 않았답니다'가 자랑 포인트.

나의 미니멀 라이프는 시시때때로 위협받는다. 여전히 나 자신이 욕망의 노예라서. 스님이 고기구이 식당에서 아르바이트를 하는 것과 비슷한데, 무소유의 열반의 경지에 오른 남자와 살아서 그나마 다행이라 할 수 있다. 남편은 여전히 청소기에 대한 컨펌을 하지 않고 있다. (감사하자. 당신 덕에 백만 원을 아끼고 있어. 우리 이러다 부자 되면 어쩌지.)

최근 엄마는 원조 미니멀리스트 아버지의 컨펌을 받고 내가 탐내던 그 청소기를 구매했다. 지나가는 말로 "부럽다, 나도 갖고 싶어!" 했더니 엄마가 "사줄까?"라고 되묻는데, "우리 집 청소기 아직 쓸만해."라고 말하자 엄마는 신경이 쓰인단다.

엄마, 나 돈 없어서 청소기 안 사는 거 아니다? 미니멀리스트라고! 사뭇 잘난 척. 그래, 우리 집 청소기면 충분해. 그런데, 결국 샀다고 합니다. 드디어, 청소기가 망가졌어요. 꺄아!

욜로 라이프? 횰로 라이프?
내 맘대로 라이프
●●●●●●

2019년 트렌드에 '횰로 라이프'가 있다. 한동안 '욜로 라이프'가 유행이었는데, 욜로는 'You only live once'의 줄임말로 한 번 사는 인생이니 즐겁게 살자는 의미로 많이 쓰인다. 거기에 요즘 중시되는 나 홀로 문화가 겹쳐져 생긴 말이 '횰로'다.

다만 요즘의 '욜로'는 좀 부정적으로 느껴진다. TV 프로그램에 욜로족이라고 소개되는 이십 대들을 보면 나도 모르게 짜증이 나고, 이건 아니라는 생각이 가끔 든다. 남의 인생에 내가 뭐라고 왈가왈부할 건 못되지만 건강한 느낌은 아니라서.

그들이 말하는 '욜로 라이프'는 어차피 헬조선에서의 미래는 불투명하기에 무언가를 쌓고 만들어가기보다 당장 소비하고 탕진하는 삶이 어쩔 수 없는 시대상이라고 한다. 하지만 제법 꼰대가 되어버렸는지 '아무리 현재에 충실해도 모든 돈을 탕진하면서 대책 없이 살아가면 안 돼' 라고 혼잣말을 하는 나 자신을 발견하게 된다.

나만 해도 미니멀 라이프를 접하기 전까지는 어차피 이번 생은 망했으니 버는 족족 다 써버리는 편이 속 편하다고 생각한 주제지만.(카드값은 어떻게든 벌어서 냈단 말입니다.) 부모 밑에서 등골 빼먹으며 욜로 타령하는 사람들이 TV에 나오는 통에 혈압이 폭주했달까.

* * *

'욜로'는 어디서든 발견할 수 있다. 드라마나 광고는 물론 수 없이 많은 곳에서 유행처럼 '욜로'라는 말이 번지고, SNS에 '욜로'라는 단어가 넘쳐나는 동시에 남에게 과시하기 딱 좋은 물건과 장소들이 포스팅된다. 그런데 이게 진짜 욜로가 맞아?

내가 생각하는 '욜로'는 물건에 크게 집착하지 않는 삶이다. 물건에 집착하지 않으면 얼마를 벌던 큰 스트레스가 되지 않는다. 그리고 주요 포인트는 내 마음대로 즐겁게 살되 내가 아닌 타인에게 절대 폐를 끼치지 않는 것이다. 그 대상이 남편이든 부모든 나 자신의 삶은 스스로 책임지며, 내 뜻대로 꾸며가는 인생. 그게 내가 추구하는 욜로 라이프다.

여전히 버는 돈 대부분을 쇼핑이나 여행에 탕진하는 친구들이 많은데 그 마음을 이해하지 못하는 바 아니지만, 종종 꼰대 같은 소리를 늘어놓고 만다. SNS에 태그하기 위한 욜로 라이프는 그만하라고. 부모나 남편 등골은 그만 뽑아 먹으라고.

일전에 외국인들이 나오는 TV 프로그램에서 욜로 라이프가 소개된 적이 있는데, 외국에서 '욜로'는 부정적인 뜻이라고 한다. 한국에 유행처럼 퍼지면서 욜로, 욜로 하는 것이 좀 이상해 보인다는 얘기도 했다. 사실 욜로 타령 하는 사람 치고 정말 자신의 인생을 사랑하고 만족하는 사람이 얼마나 될까. 나도 순 거짓말쟁이였는데.

월급 다 탕진해서 너무 기뻐요, 라고 외쳤으나 하루하루가 우울하고 미래는 불안해서 상상조차 하기 싫은 날이 많았다. 되레 아무 소리 안 하고 사는 지금이 건강한 욜로 라이프가 아닐까 싶다. 꼭 무언가를 사서 자랑해야 한번 사는 삶을 즐겁게 사는 건 아니니까.

그저 글을 쓰고, 책을 읽고, 고양이와 포옹하고, 남편과 맥주 잔 부딪히며 사는 삶. 그것만으로도 충분히 행복한 지금, 한 번뿐인 내 인생을 진정 사랑하는 나날들이 나의 욜로 라이프라고 생각한다.

* * *

욜로 외에도 온갖 라이프가 소비된다. 오캄 라이프, 라곰 라이프, 휘게 라이프, 와비사비까지. 어찌 보면 다 비슷한 개념 같기도 하고, 말장난 같기도 하다. 미니멀 라이프의 유행과 더불어 미니멀 라이프를 한다고 하면 '휘게 하세요' '라곰 하세요' '와비사비 하세요' 라고 말한다. 그 나라 사람이 아니라면 제대로 뜻을 이해할 수 없는 멋들어진 문장이 우릴 유혹한다. 라이프스타일의 미니멀이 필요하단 생각이 들 정도로.

이런 라이프스타일에 관련된 책들은 사실 인테리어 책에 가깝다. <킨포크>라는 잡지가 워낙 인기가 많아 한 번 본 적이 있는데, 그게 왜 미니멀 도서와 얽히는지 잘 이해가 되지 않았다. 미니멀리즘 인테리어를 추구한다면 살짝 관련이 있을지도.

온갖 라이프스타일의 유행은 결국 광고와 이어지고, 광고는 소비를 촉진한다. 미니멀 라이프를 등에 업고 무인양품이 날개 돋친 듯 팔려나가는 것처럼. 참 아이러니하다.

이게 다 어쭙잖게 따라 해서가 아닐까? 그저 책 한 권으로 접한 라이프스타일을 따라 하려면 구색 맞추기 수준의 변화밖에는 꾀할 수가 없다. 그러다 보면 이도 저도 엉망진창. 내 고유의 개성도, 내가 살고 싶은 인생도 점점 오리무중이 된다.

다른 사람들 눈에 그럴듯한 인생이 왜 욜로 라이프야? 그걸로 충분히 행복하다면 할 말 없지만 내가 해봐서 아는데 진심으로 행복하지는 않다. 로또 당첨자라든지 재벌가 자식이면 모를까. 스스로가 원하는 대로 자신의 인생을 자신의 방식대로 살아가는 것, 앞으로의 라이프스타일 신 트렌드가 되면 좋겠다.

스트레스 맥시멀

● ● ● ● ● ●

이 책을 쓰고 있는 요즘 제법 스트레스가 맥시멀 하다. 뭐 대단한 인생 철학이 있다고 책으로 엮으려 했을까. 블로그에 의식의 흐름대로 써 놓은 글을 정리하려다 보니 새로 쓰는 것보다 더 에너지가 들어간다.

내가 좋아서 하는 일에도 이렇게 기가 빨리고 스트레스를 받고 있으니 역시 내 인생은 미니멀 라이프가 적합하다는 생각을 또 한 번 하게 된다. 딱 나 좋은 일만 미니멀하게 하며 살아가는 인생.

새로운 일은 늘 스트레스다. 도전은 아드레날린을 폭주하게도 하지만, 나는 새로운 것에 큰 흥미를 느끼지 못하는 타입이다. 게다가 매너리즘에 빠지는 게 혼란스러운 것보다 낫다고 생각하는 경향이 있어서 불만이 생겨도 변화나 언쟁이 싫어 내 쪽에서 이해하고 넘어가는 일이 잦다. 어찌 보면 손해 보는 성격이라 할 수 있지만 그래도 어쩌겠어. 내 멘탈을 보호하기 위해선 화해와 타협이 최선인 것을.

사건 사고가 다양하면 인생이 좀 더 풍성해질지도 모르겠다. 다양한 사람을 만나고, 다양한 경험을 하고, 이를 통해 배우고 성장하고. 그런데 솔직히 나는 생각만 해도 스트레스를 받는다. 이미 아무것도 하지 않지만, 더 격렬하게 아무것도 하고 싶지 않은 경우가 태반인 상태랄까.

'청춘은 도전이다' '아프니까 청춘이다' 불과 얼마 전까지만 해도 도전하지 않는 것은 '죄악'이고 '나태'라는 분위기가 팽배했다. 그래서 하고 싶지도 않은 일을 배워야 하나 고민도 하고,

아무것도 하지 않는 나 자신이 조금은 한심하게도 느껴졌다. 그런데 굳이 왜?

                              * * *

요즘 화두는 'Love my self' 아닌가? 내 인생 내가 사는 데 내가 하고픈 것 위주로 그 안에서 최선을 다하는 삶. 또 그렇게 선택적으로 심플하게 사는 것이 나의 심신 안정을 위해서 좋은 것 같다. 남들이 한다고, 대세라고, 유행이라고 해서 하고 싶지도 않은 일을 하는 건 나와 맞지 않으니까.

아무것도 최대한 하지 않은 삶. 그렇다고 도인처럼 무소유 하면서 자연을 벗 삼아 살고 싶다는 건 전혀 아니다. 무언가를 하지 않아야 평온하긴 하지만 평온하다고 무조건 행복한 건 아니니까 말이다.

다만 많은 일에 얽히면 불행해진다. 지나치게 예민한 성격과 과도한 책임감 때문이라는 생각도 하지만 그런 인간은 미니멀하게 사는 게 가장 좋다는 결론을 또 한 번 얻게 된다. 어차피 한

번 사는 인생, 뭐든 도전해보고 경험해보는 것이 나중에 후회가 덜 되는 길이라고 많은 성인이 말했다. 다만 군이 불행함을 이겨 내며 도전하는 삶을 사는 게 모든 이에게 적용되는 건 아니지 않을까?

죽기 직전 후회하는 게 안 해본 일에 대한 후회라는데 진짜야? 난 되레 해서 망한 일에 대한 후회가 더 클 것 같은데. 죽기 직전 좋아하던 꽃등심이 먹고 싶지 '타조 고기 먹어나 볼 것을' 이라고 말할 것 같진 않으니 말이다.

혹자들은 미니멀 라이프를 하면 무한한 행복감을 느낀다고 하는데, 나의 경우에는 꼭 그렇지 않다. 그저 불행하지 않고 평온한 상태가 유지되며, 아주 가끔 행복하고 대체로 무난하다. (이 정도라도 충분히 만족.)

불행하지 않게 사는 것이 가장 큰 핵심이다. 열심히 돈 벌고, 인간 구실 하고, 최선을 다해도 주위의 수많은 사람과 물건과 사건들이 나를 압박하고 괴롭히는 건 여전하다. 그래서 늘 행복하진 않아도 평온하고 고요하게. 그런 인생이 멋스러워서가 아니라 복잡하고 다양한 삶은 나에게 스트레스를 주니까. 최소한의 선

택만 하고 무탈하게 살아가는 것.

'피할 수 없다면 즐겨라' 그 광고문구는 내게 전혀 와닿지 않는다. 되레 '즐길 수 없다면 피하라'가 내 취향 저격이다. 내 인생의 스트레스 요소는 최대한 줄이고 내가 콘트롤 하고 책임질 수 있는 한에서 만끽하는 삶이 좋다. 내가 잘하는 것만 하고, 내가 즐거운 것만 하는.

미니멀 라이프 실천 후부터 스트레스가 훨씬 적어졌다. 유행하는 원피스에도 별 관심 없고, 인기 많다는 베스트셀러도 당장 사지 않는다. 주기적으로 참여했던 친목 모임도 그다지 재밌지가 않아 참여하지 않고, 돈 많은 언니가 명품 가방을 자랑해도 딱히 갖고 싶지도 않다. 학군 좋은 아파트도 대출도 다 나랑 상관없는 얘기고, 미세먼지가 요즘 좀 걱정이긴 해도 밖에 잘 나가질 않으니 그것 또한 상관없다. 뉴스를 보면 별의별 일이 다 있지만 그거 다 신경 쓰고 살면 나는 미칠지도 모른다. 내 성격상 말이다.

어쨌든 나는 남들보다는 현저히 적은 스트레스 속에 살고 있다. 남들보다 행복하다는 소리는 아니고 적어도 불행하지 않은 상태라고나 할까. 요즘 사람들 가운데 스트레스가 심해서 공황장애에 시달리는 사람이 많다던데 그런 분들에게도 미니멀 라이프를 추천한다. 도피면 어떻고 외면이면 어때. 내 인생을 하루라도 불행하지 않게 사는 게 중요하지.(나만 이렇게 생각해요? 그래도 별수 없는 것으로.)

우물 안 개구리면 뭐 어때?

내 행복만 보고 살기

●●●●●●

우물 안 개구리는 보통 안목이 좁은 사람을 비하하는 표현이
다. 그러나 어떻게 하면 행복하게 살 수 있을까 고민하다보니 우
물 안 개구리로 사는 것이 오히려 더 행복하지 않을까, 하는 생각
이 들었다.

사촌이 땅을 사면 배가 아프다는 속담만 봐도 주위 사람의

기쁜 소식은 결코 나의 기쁨이 될 수 없다. 게다가 요즘은 알지도 못하는 사람까지 땅을 사댄다는 소식에 배가 아프지 않을 새가 없는 느낌이랄까.(모르는 게 약이란 말이 괜히 있겠어.) 내가 옹졸하고 꼬인 타입이라 타인의 행복에 박수를 보내는 유형이 못 되어 그런지는 몰라도 남들 잘 먹고 잘산단 소식은 마치 나만 빼고 잘산다는 얘기로 들렸다.

딱히 먼저 연락은 안 해도 종종 카톡 사진이나 대화명을 보면서 상대의 인생을 상상해보기도 했다. 다만 그깟 사진 몇 장에 나만 빼고 호의호식하는 느낌이라 패배자가 된 듯한 느낌을 지울 수 없을 뿐. 그때는 내가 돈, 돈 하는 중이라 더 그랬을 수도 있고, 괜한 패배감에 잡다한 물건들을 사들이며 스트레스를 해소하려고도 했다. 나도 못사는 거 아냐, 하면서.

그렇다고 내 인생이 여전히 불만족스러운 건 아니다. 이미 충분해, 라고 생각하지만, 그것과는 다른 문제다.

자신의 인생에 만족하면 타인이 어떤 모습이라도 상관없다고? 그건 정말 도인 레벨 아냐? 미니멀리스트끼리도 누가 덜 소유하네, 누구 집이 더 텅텅 비었네, 하고 경쟁하는 시대에 타인의 행복에 둘러싸여 내 행복만을 찾는다는 건 정말 어려운 일이라 생각한다. 적어도 내게는 말이다.

* * *

부러움 배틀에 빠져들었을 땐 정말 지옥 같았다. 실제로 알지도 못하는 사람이 아는 사람 같고, 그 사람이 무엇을 샀는지, 무엇을 먹었는지, 어디에 갔는지조차 부러움이 되고 질투가 됐다.

그러다 온라인에서나마 말을 섞는 사이가 되면 마치 친한 사람이 된 것 같은 착각에 상대방이 명품 가방을 샀다고 하면 나도 사고 싶어, 하며 부들부들 떨기도 했다. 소위 열폭. 그런 주제에 쿨한 척한답시고 'I don't care'를 외치면서 무한 인터넷 쇼핑을 하고, 집을 물류창고처럼 만들었다.

그러나 미니멀 라이프를 시작하면서 물건뿐만 아니라 그런 인간관계까지도 서서히 청산하기 시작했다. 내가 왜 그렇게 물건을 많이 샀는지는 타인의 삶 때문이기도 했으니까. 남을 의식해 남처럼 살고 싶었으니까. 견물생심이라고 자꾸 보니 모든 게 다 갖고 싶었으니까. 그러나 돈이 없으니 카드값과 패배감, 분노만 늘어나는 나날이 계속됐던 것이다.

처음부터 나의 상황을 인정하지 못했다. 그저 난 쇼핑 회사에 다니고 쇼핑을 좋아하는 평범한 여자라고만 생각했을 뿐 그 내면에 어떤 결핍이 쇼핑으로 치유 받고자 했던 것인지를 인정하는 데는 적지 않은 시간이 걸렸다.

나의 휴대전화에는 카톡 친구가 일곱 명밖에 되지 않는다. 이 사람들은 내가 정말 아끼는 사람들이고, 이들이 집을 사면(역시나 좀 배가 아프긴 하겠지만) 소소한 복통을 느끼면서도 박수를 보낼 수 있는 사람들이다. 대부분이 자신의 인생을 사랑하고 아끼며 열심히 살아가는 유형들이라 허세 부리거나 잘난 척하는 유형과는 거리가 멀다.

카톡뿐만이 아니라 블로그, 트위터도 난 내 것만 한다. 찾아 주시는 많은 분께 죄송하기도 하지만 나의 정신 건강을 위해선 그편이 좋다. 그게 내가 행복한 길이기도 하고.

내 행복에 집중하며 살고 싶다. 내가 가진 것들에 대해서 감사하고 소중히 여기는 마음으로. 내 인생이라는 작은 우물안에 나 자신을 가둔 것이라고 해도 이대로 충분하다. 미니멀 라이프가 자본주의에 역행하는 루저의 라이프 방식이라고도 하던데, 그러면 뭐 어때서? 나만 행복하면 그만이지.

미모의 미니멀은 관두기로 했다

● ● ● ● ● ●

미니멀리스트는 외형에 신경 쓰는 것이 아니라길래 한동안 피부과에 발길을 끊었다. 기미가 생기고 조금 건조해졌지만, 어차피 일도 집에서 하는데 뭐 어때, 하면서 거울 보는 시간도 현저하게 줄어들었다.

이십 대 때는 회의 중간에도 거울을 보는 애가 나였다. 셀카에 중독돼서 나와 다르게 나오는 사진이 진짜 나인 줄 알고 공주

병까지 걸렸었다. 그 자신감을 원동력 삼아 잘생긴 애들만 만나고, 잘생긴 남자와 결혼까지 했다. 삼십 대 초반까지도 매일 셀카를 찍어대며 블로그에 안구 테러를 일삼았는데, 요즘은 아무리 좋은 앱을 써도 못생기게 나와서 시무룩하다.

과거의 나는 외면의 아름다움에 민감한 타입이었다. 나를 꾸미는 쇼핑에 열광하는 동시에 피부나 다이어트에 좋다는 온갖 시술과 주사를 마다하지 않았다. 물론 마냥 행복한 건 아니었다. 아름다움은 그냥 얻을 수 있는 게 아니니까.

하루에 삼각김밥 하나만 먹고 거의 살았다고 해도 과언이 아니다. 타고나기를 마른 체형이 아니라서 날씬한 몸매를 유지한다는 것 자체가 스트레스였다. 그래서 더 우울한 이십 대를 보냈을 수도 있다.

결혼 후로는 예전만큼 외모에 신경 쓰지 않았다. 그러나 다이어트만큼은 주기적으로 했다. 그 당시 나의 블로그 내용을 보면 다이어트 결심과 폭식의 무한 반복이다. 모든 걸 참 많이 소비했다. 음식도, 술도, 다이어트약도. 쇼핑 리스트와 절약 결심 포스팅도 결코 만만치 않은 건 말해 뭐해.

미니멀 라이프를 접하고 난 뒤 다이어트에 대해서도 광명을 찾은 것 같았다. 마음을 편히 먹었다. 남에게 보이는 모습에 신경 쓰지 말고 나 자신이 행복하게 사는 것이 진정한 내 인생이지. 죄책감 따위는 집어넣어 두고 먹고 마실 때 가장 행복하다고 생각했다. 갓 튀긴 튀김에 시원한 생맥주를 배불리 마시는 것만큼 행복한 일이 또 어딨을까.

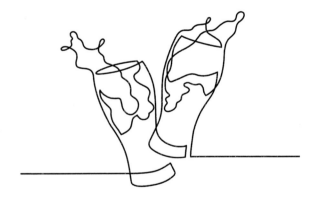

패션에 관해서도 미니멀리스트답게 베이직한 티셔츠 몇 개에 청바지를 돌려 입겠어, 라고 외쳤다. 작고 통통한 몸에 그렇게 입혀 놓으니 내가 봐도 몰골이 부끄러울 수준이었다. 이건 아니다 싶었지만 모든 것이 진정한 미니멀리스트로 거듭나는 과정이라 굳게 믿었다.

하지만 나는 뚱뚱한 못난이가 됐다. 언제나 너그러운 남편은 여전히 깜찍하고 매력적인 여자라고 칭송해 주면서도 가끔, '살찐 초딩 같은 건 기분 탓이야?'라고 말하는 게 더 진심인 걸 알고 있다.

이런 고민이 많던 시점에 사촌 동생에게 카톡을 한 통 받았다. 내가 미니멀 라이프를 한다는 걸 어디서 들었는지 이런저런 상담을 해왔다.

사촌 동생 : 언니, 미니멀 라이프 하면 맨날 똑같은 옷 입고 화장도 안 하고 수수하게 다녀야 하지 않아? 난 그거 싫은데.

나 : 누가 그래? 미니멀리스트의 외모 공식이 어딨어? 니가 입고 싶은 대로 입고, 하고 싶은 대로 하는 거지. 이효리나 되니까 민얼굴에 머리 질끈 매도 예쁜 거야.

사뭇 가르치듯 떠들다가 나 역시도 사촌 동생과 다를 바 없는 생각을 하고 있다는 걸 깨달았다. '미니멀리스트는 흰색, 검은색, 회색으로 심플하게 돌려 입는다'라는 말을 하나의 공식이라 믿고 있었으니까.

그러나 수많은 책에서 스티브 잡스가 매일 검은색 목폴라 티만 입었다는 걸 비유하며 옷 따위에 신경 쓸 시간에 더 소중한 것, 더 중요한 것에 집중하는 인생을 살라고 하길래. 나도 그 가르침을 받아 한동안 검은색 옷만 입고 다녔다. 매일 장례식 다니듯이 말이다. (시크한 블랙이 어울리는 타입이라면 멋스러울 수도 있으나 평소 나는 땡땡이와 꽃무늬에 이성을 잃는 타입이고, 노랑과 핑크는 나의 소울 컬러에 가깝다.)

또 다른 미니멀 라이프의 대가는 세련된 삼십 대 이상의 여자가 블랙 & 화이트로 정갈하고 세련된 옷차림을 하는 건 선택이 아니라 필수라며, 옷을 못 입는 줏대 없는 여자나 자신을 크리스마스트리처럼 꾸민다고 비난하기도 했다. 그 당시에는 제법 심취되어 있었기 때문에 이 말에 고개를 끄덕이기도 했다.

* * *

그런데 말입니다, 스스로 크리스마스트리처럼 꾸미면 어때서요? 다른 사람 눈에는 나이에 걸맞지 않은 패션일지 몰라도 그 옷을 입은 나는 행복하고 자신감이 생기는데. 다양한 크기의 도트 무늬, 화려한 색상의 플라워 무늬, 귀엽고 앙증맞은 미니 크리스마스트리 같은 패션이 나는 좋다.

나는 스티브 잡스가 아니기에 시간은 넘쳐나고 검은색 목폴라 티는 어울리지도 않는다. 미니멀 라이프를 추구한다고 해도 옷의 컬러마저 제약하는 건 내가 생각하는 미니멀 라이프 정신에도 어울리지 않는다.

하물며 스티브 잡스와 비교하는 것도 이제 생각하면 황당하기 짝이 없다. 마크 저커버그를 언급하는 사람도 있는데, 스티브 잡스나 그나 세계 최고의 부자이고 패션 자체가 브랜드 스타일이 된 사람을 따라 하는 것도 웃긴 일이다. 만일 내가 미니멀 라이프를 통해 무슨 대단한 프로젝트를 시작해서 시간이 없다면 또 모를까.

나는 여백 있고 여유 넘치는 인생을 위해 미니멀 라이프를 시작했고, 오늘 어떤 옷을 입을지 생각할 시간은 차고 넘치며, 가끔 기분 전환을 위한 쇼핑 시간 또한 많다. 그리고 정말 시간이 없다고 해도 땡땡이나 꽃무늬를 교차로 입으면 입었지 무채색 옷은 내 기분도 무채색으로 만들 뿐이다.

어떤 컬러인지, 어떤 패턴인지는 전혀 중요한 문제가 아니다. 민얼굴에 노푸(샴푸를 사용하지 않음)를 꼭 해야 미니멀리스트인 건 아니잖아. 스스로가 추구하는 길이라면 모를까 미니멀리스트라면 이래야 해, 하는 것 자체가 미니멀 라이프와 걸맞지 않다는 게 나의 생각이다.

요즘 나의 피부가 다시 하얘지고 탱글탱글해지고 있다. 연예인들이 다니는 미용실에서 파마 한 듯 안 한 듯 자연스러운 갈색 모발에, 내가 사랑하는 땡땡이 원피스를 입고 귀여운 구두를 신은 채 룰루랄라 회의를 간다. 딱히 미인은 아니지만, 쇼윈도에 비친 나 자신의 모습에 만족스럽다.(역시 바지에 티셔츠는 안 어울려. 못난이 포대 자루보다는 깜찍한 미니 트리가 어울리지.)

이 세상에 수많은 인생이 있는 것처럼 미니멀 라이프도 각자의 스타일대로 해나가면 좋겠다. 미니멀리스트가 되는 법, 하우투라는 건 좀 어이없다니까.

물건이 좋다,
그러나 모두 소유하지 않는다

● ● ● ● ● ●

미니멀 라이프를 접하고 그 모든 과정을 블로그에 상세하게 기록했다. 워낙 집요한 성격 탓에 물건 버리는 일거수일투족을 기록했고, 미니멀 라이프 검색을 통해 수많은 사람이 내 블로그를 찾았다. 폭주하는 방문자와 늘어나는 이웃 수를 보며 괜히 흐뭇하기도 했다.

그래서 더 열심히 했다. 의미 없이 쌓아둔 것들을 버리고 정리하면서. 동시에 너무 많은 사람이 지켜보고 있다는 게 부담이 되기도 했다. 가끔 촌철살인 같은 댓글들이 남겨지기도 해서. 이를테면 '미니멀 라이프 한다고 다 갖다 버리고 또 새로 사고, 얼마나 좋아?' 어떤 악의를 갖고 쓴 댓글은 아니라고 생각한다. 평소 나의 엄청난 소비패턴을 잘 알고 있던 지인이 쓴 글이라.

그렇지만 조금은 상처받았다. 그 당시에는 인앤아웃에 꽂혀 있기도 했고, 미니멀 라이프와 미니멀리즘 인테리어가 분명 다른 것이긴 한데 뭐가 어떻게 다른지 마냥 혼란스러운 시점이었다. 멀쩡한 보라색 냄비 세트를 갖다 버리고 아주 고가의 무쇠 냄비 세트와 스테인리스 냄비까지 산 걸 보면 당시의 나는 오히려 맥시멀리스트에 가까웠다. 그럼에도 온갖 핑계를 갖다 댔다. 평생 쓸 수 있는 냄비를 산 것뿐이라고. (다행히도 잘 쓰고 있다. 설거지에 애를 먹지만.)

여러 시행착오를 겪으면서 가장 고민이 됐던 건 이렇게 다 버리고 난 뒤 무엇에 집중하고 살아야 할지에 대한 것이었다. 미니멀 라이프를 통해 진정한 삶의 의미를 찾았다는 글이나 인터뷰를 보고 나면 가슴이 답답해졌다. 내가 산 물건이 내 삶을 규정하는 건 아니지만, 아무것도 사지 않고 텅 빈 채로 살아가는 것 또한 내 삶을 어떻게 해줄 수 있는 건지 의문도 들었다.

물건의 소유 여부에 너무 많은 의미를 두지 않는 게 좋겠다는 결론을 내렸다. 그래서 요즘은 너무 갖고 싶으면 단박에 구매해버린다. 전처럼 블로그에 구구절절한 핑계도 대지 않는다. 또 잘 쓰고 있으나 디자인이 거슬리는 물건들도 다정한 시선으로 바라보며 아끼고 있다. 그러나 매일 물건을 버리지 못해 안달 내던 시절은 꽤 길었다.

* * *

나는 아직도 물건을 좋아한다. '굳이 그게 필요해? 꼭 사야해?'라는 말을 습관처럼 남발하기도 하지만 여전히 보고 있으면 가슴 설레는 것이 많다. 지금도 며칠 전 옷가게에서 보았던 노란색 맨투맨이 아른거릴 지경이다. (그런 물건이 한두 가지겠어.)

그러나 예전처럼 무조건 소유하려 하지 않는다. 꼭 내 손에 쥐어야 만족할 수 있는 건 아니니까. 다음 주까지 맨투맨이 생각 난다면 사러 갈 생각이다. 꼭 필요한 것인지 묻는다면 불필요한 것일 수도 있겠으나 수시로 생각나는 걸 보면 내 인생에 잔재미 가 되어 줄 물건임엔 틀림없다.(사러 갔는데 팔려서 못 샀다. 쇼 핑은 타이밍이란 가게 언니의 명언을 듣고 돌아섰다.)

물건의 개수에 집착했을 때는 화장품도, 샤워제품도 한가지 로 해결할 수 있는 올인원 제품에 목을 맸다. 덕분에 안 그래도 얇은 모발은 더 엉망이 되었으며, 건조한 피부는 자글자글 주름 을 얻었다.

뜯지도 않은 제품을 주위에 나눠 준 적도 많았다. 아무것도 없는 집에 집착하던 때도 있었다. 그러나 지금은 그렇지 않다. 전 보다 적은 종류이긴 해도 필요한 헤어제품도 있고, 영양 크림도 몇 가지 종류를 돌려가며 쓴다. 내 생활에 꼭 필요한 물건들을 넘치지 않는 수준으로 소유하면서.

궁극의 미니멀리스트들이야 청소도구도 빗자루 하나면 충분 하다지만, 그건 스티브 잡스와 나를 비교하는 것과 다를 바가 없 다. 무소유라는 의미도 과거의 나보다 덜 소유한다는 개념이지 비교 대상이 타인이 되면 그 또한 불행으로 가는 지름길이란 교훈도 얻었다.

나의 미니멀 라이프는 심신이 편해야 한다. 그러기에 생활에 편안함을 주는 물건은 앞으로도 넘치지 않는 수준에서 소유할 생각이다. 각자 필요한 종류와 수량은 다르리라. 각자의 삶이 다르듯이.

지금 가지고 있는 것들도 소중히 여기고 꼭 필요한 것은 신중히 소유하려 한다. 무엇보다 물건과의 거리를 유지하면서 물건에 많은 감정을 투영하지 않으려고 애쓰는 중이다. 기쁘다고 충동구매를 하고 슬프다고 충동 구매를 하지 않는 게 아니라 이왕이면 좋아하는 물건에 둘러싸여 여유 있게 살고 싶다.

모든 것을 미니미하게, TMI 사절

● ● ● ● ● ●

요즘 사람들이 싫어하는 것이 'TMI'라고 한다. 방송에도 심심찮게 나오는 말인데 무슨 뜻인가 했더니 'Too Much Information'의 줄임말로, 한마디로 쓸데없이 많은 정보, 굳이 알려주지 않아도 되는 정보를 말한다.

나야 블로그를 통해 TMI를 매일 하는 사람인지라 뜨끔 하지만 유행을 통해서도 뭐든 넘치는 건 좋지 않구나, 고개를 끄덕끄

덕. 그래서 요즘은 블로그에 글도 아주 짧게 쓴다.(절대 귀찮아서 그런 게 아닙니다.)

이 책도 지금 너무 구구절절한 것 같다. 요즘 사람들 활자 많은 거 질색인데. 사진도 넣고, 삽화도 넣고, 글씨는 최소한으로. 그렇지만 촌철살인의 짧은 메시지를 남기기에는 나의 글솜씨가 부족하다. 그래서 나의 글은 늘 투머치다. 문장의 미니멀이 필요한 시점이다.

홈쇼핑에서도 미니멀한 자막이 유행이다. 정보가 구구절절해봤자 화면만 복잡하고 소비자에게 피로감만 준다. 어떻게 하면 짧은 문장으로 소비 욕구를 들썩이게 할지에 대한 고민.

제품 자체의 설명보단 원초적인 한마디가 늘 단골 문구다. 아무리 이 상품이 얼마나 뛰어난지 열 줄 쓰는 것 보다 '오늘 단 한 번 세일. 마지막 생방송!' 이라는 말에 콜이 솟구치는 걸 보면 인간의 욕구와도 관련이 있겠지만 길게 말하는 게 꼭 정답은 아니라는 교훈을 얻는다.

되도록 일 분짜리 광고는 열 줄 안으로 끝내려 노력한다. A4 용지 한 장에 다 담기도록 구성한다. 사실 예전에는 아무리 줄이려해도 스무 줄은 나와서 글자 크기를 8포인트로 한 적도 있다.

모든 것이 맥시멀한 상태였을지도 모른다. 촌철살인의 메인 메시지를 쓰지 못하니 양으로라도 채워보려고. 내 대본에 담당 PD가 빨간펜 선생님처럼 쓱쓱 줄을 그었을 때의 굴욕감이란. 부들부들하자 '작가님이 김수현 작가는 아니잖아요?' 라고 했을 때의 황당함은 지금 생각해도 어이가 없다. 그럼 PD님은 박찬욱입니까? 워워, 분노도 미니멀하게.

* * *

많은 것에서 미니멀하게 살려고 노력 중이다. 그러나 내가 넘치게 가졌던 것들을 돌이켜보면 물건을 떠나서 나쁜 습관도 참 맥시멀했다는 걸 깨닫게 된다.

일단 술. 난 지금도 우리 동네에서 넘버 10에 들 정도로 맥주를 많이 마시고 있다. 재활용 쓰레기 버리는 날에 보면 우리 집이 배출하는 맥주 캔은 가히 비교 불가다.

물론 술을 마실 때는 참으로 행복하다. 그러나 술로 인해 다양한 흑역사가 창출됐고, 어느 순간 나 자신에게 환멸이 느껴졌다. 요즘은 내가 저지른 과거의 수많은 만행과는 비교가 안 될 아주 사소한 실수만 해도 이불 킥 백번을 날리게 됐고, 자연스레 술을 줄이고 있다. 물론 빈도는 줄이지 못했으나, 양은 과거 절반의 절반도 마시지 않는다.(비교는 과거의 나 자신과.)

술이 과하면 흥이 과하고, 흥이 과하면 셀카를 지나치게 많이 찍게 된다. 그리고 목소리는 커지고, 없던 애정까지 솟구쳐서 여기저기 안부 연락을 하며, 기약 없는 약속을 남발하기도 한다. 자괴감 폭발. 그러니까 술도 미니멀하게 마시는 게 좋겠다고 생각한다.

또 술은 안주를 불러서 뱃살까지 맥시멀 하게 만드는데, 우리 집 뱃살 넘버 원 자리를 두고 커다란 흰색 고양이와 내가 엎치락 뒤치락 중인지라 뱃살의 미니멀도 시급한 시점이다. 그 외에도 많지만 왜 굳이 이런 얘기까지 썼을까 싶어 문장의 미니멀을 하려고 했지만 하나만 더 말하고 싶다.

걱정의 미니멀. 이건 남편에게만 해당한다. 나는 타인의 삶에 굉장히 무관심하게 살려고 노력한다. 왜냐면 앞에서도 말했다시

피 타인의 행복이 나의 불행으로 느껴진 적이 많았기에 최대한 관심을 갖지 않으려 한다. 그것이 내가 쿨할 수 있는 비법이기도 하다.

그럼에도 남편 일에 대해서는 굉장히 관심이 지대하다. 나는 너, 너는 나. 운명의 파트너까진 아닐지언정 공동체로서 남편의 고민은 나의 고민이 된다. 물론 포인트는 다르지만.

* * *

최근 들어 남편의 스트레스가 꽤 심각한 상황인데 나보고 툭하면 걱정하지 마, 라고 위로를 해온다. 그럼 시니컬한 나는 이렇게 말한다. "걱정은 안 해, 짜증이 날 뿐이지." 하여튼 나는 좀 못됐다.

솔직히 걱정은 하긴 하는데 그게 진심으로 남편을 걱정하는 건지, 그런 남편으로 인해 스트레스를 받고 있는 나를 걱정하는 건지는 잘 모르겠다. 어쨌든 주체를 떠나서 공동체니까 서로를 걱정한다고 치고. 둘 다 굉장히 예민하고 예측 가능한 미래를 살고 싶어 하는 사람이기에 타인이 보기엔 뭐 저런 걸 걱정해, 라고 할 문제를 우리 부부는 꽤 심각하게 걱정한다. 그로 인해 살얼음판 위를 걷는 나날을 보내기도 했다.

시간이 지나고 나면 우리 그때 왜 그랬지? 싶은 일들이 대다수인 걸 보면 걱정도 미니멀하게 하면서 살면 좋을 텐데. 그렇기에 많은 부분에 있어 미니멀하게 살고 싶은 것 같다. 고민거리가 줄어들어야 걱정할 일도 없어질 테니까.

186

더불어 나의 몸매도 미니멀해지면 좋겠다. 제법 엄지공주 같은 시절도 있었는데, 이젠 스몰 사이즈가 꽉 끼고 안 들어가는 것도 있다. 덕분에 다이어트 보조제를 마구 먹고 있다.(미니멀 라이프 하면 살 빠진다고 한 사람들은 도대체 비법이 뭡니까.)

몸매 생각을 하니 또 스트레스를 받는다. 남편에게 맥주 셔틀을 시켜야겠다. 예전에는 피처 3개 정도는 마셔야 술을 마신 것 같았는데, 요즘은 4개 만 원짜리 맥주면 충분하다. 맥주의 미니멀은 다소 성공적이다. 술값도 미니멀해지고. 이렇게 차차 많은 것에 대해 미니미하게 살고 싶다. 투머치는 사절.

미니멀 라이프 실천 4년, 현재 진행형

● ● ● ● ● ●

2016년 미니멀 라이프를 처음 접했을 때 '올해 목표는 미니멀 라이프'라고 정했다. 열심히 버리고 인앤아웃 했다. 미니멀리즘 인테리어를 실행한 것일 수도 있으나 어쨌든 수천 개의 물건을 버림으로써 나름의 교훈을 얻었다.

나의 미니멀 라이프는 여전히 진행 중이다. 누군가에겐 반짝의 유행이었고, 누군가에겐 작심삼일일지 몰라도 2019년의 나는 햇수로 4년째 미니멀 라이프를 실행하고 있다. 그리고 올해가 가장 미니멀리스트스러운 것도 같다.

'서당개 3년이면 풍월을 읊는다' 는 말처럼 4년 차 미니멀리스트는 블로그에 무엇을 버렸는지 기록하지 않는다. 더 버릴 것도 없거니와 버린다 해도 버린다는 행위가 이제 더는 자랑스럽지가 않아서 굳이 기록하지 않는다.

하지만 다소 우울하고 허무한 시간을 보내기도 했다. 물건을 사는 과정에서 괴로움도 컸지만 기쁨도 분명 있었기에 그 기쁨을 자진해서 잃어버린 나는, 모든 것의 의미에 대해 중2병 환자같이 싸이월드 다이어리에 쓸 것 같은 글들을 남발하기도 했다.

예전에는 엄마와 통화를 할 때 요즘 무엇이 유행이고, 어떤게 사고 싶다는 얘기를 재잘재잘 떠들곤 했다. 하지만 이제는 엄마가 요즘 뭐가 유행이냐고 물어도 시큰둥하며, 어떤 걸 사고 싶다고 해도 시니컬하다.

물건을 사는 것도 인생을 사는 것도 어떤 의미가 있는 건지, 곧 죽을 날이 다가오는 노인처럼 매사 허무하기만 했다. 더 나아가 아직 젊고 건강하지만 언제 어떻게 죽을지 모르는데 아무리 좋은 물건을 쌓아둬봤자 뒤처리하는 사람이나 귀찮은 일 만드는 게 아닐까, 하는 생각도 했다.

엄마는 그런 나를 네 아버지와 똑같다, 아니 아버지보다도 더 노인 같다며 우스갯소리를 하기도 했는데, '저승 가는데 순서 없는데?'라고 시니컬한 적도 있다.(엄마 죄송해요, 이런 딸이라서.)

남편에게 최근 나의 생각을 언급한 적이 있다. 딱히 심각하거나 우울한 기분은 아니었다. 그리고 사는 것(buy), 사는 것(live)에 큰 의미를 두지 않겠다고 시크한 표정으로 말하자 남편은 경악을 금치 못했다. 그리고 그날 밤 생과 사에 대한 명강의를 나에게 쏟아냈다.(남편은 철학과 부전공이다.)

* * *

미니멀 라이프에서 물건을 비우는 것은 과정이지 목적이 아니다. 물건 비우는 과정을 통해 내가 살고 싶은 인생이나 정말 이루고 싶은 것을 찾아야 한다. 그러나 도통 앞이 보이질 않았다.

다른 미니멀리스트의 인생을 엿보기도 했다.(특히 아주 유명한.) 대부분 인류평화나 봉사? 다양한 경험과 많은 인맥을 통한 선한 네트워크 형성? 이건 뭐 미스 유니버스 수상 소감이 세계 평화인 것과 뭐가 달라.

기부도 해보고 봉사 단체를 기웃거리며, 미니멀 라이프 커뮤니티를 훑어보긴 해도 나와는 맞지 않았다. 내가 미니멀 라이프를 하는 이유는 세계 평화가 아니라 내 개인의 평화니까.

그런 와중에 내린 결론은 '지금 이대로 살아 있는 것만으로도 의미가 있다는 것을 잊지 말자' 였다. 내 멋대로 산다, 아무것도 하기 싫다고 말할지언정 뭐 하나 하지 않고 있는 것이 없기에 지금 이대로의 내 삶을 사랑해주기로 했다.

여전히 어떤 의미라던가 대단한 목표 같은 건 모르겠지만, 내일도 오늘처럼 살 수 있다면 그것으로 충분하다. 매일 아침 일어나 정갈한 집을 돌아보고, 집안일을 하고, 글도 쓰고, 돈도 벌고, 몇 명 안 되는 지인들에게 안부를 묻고, 고양이들도 쓰다듬어 주고, 밝은 얼굴로 남편에게 애정을 다해 대하고.

그렇게 생각하니 사는 게 의미 없는 것이 아니라 지금 이대로도 충분히 잘 해내고 있다는 자신이 들었다. 자신의 삶을 사랑하고 칭찬하며 최대한 즐겁게 사는 것.

게다가 미니멀리스트에 걸맞은 취미도 생겼다. 소위 '덕질'이란 것에 총력을 다하고 있다. 그저 와이파이만 있으면 되는 취미라서. 덕분에 4년 차의 미니멀 라이프는 아주 성공적이다. 정말 필요한 것만 사고 필요하지 않은 것은 생각하지 않는다. 그 이유는 현실 생활을 챙기며 덕질까지 하느라 시간도 없는데 굳이 이것저것 살펴 가며 소비할 여력이 없어서다.

* * *

그런 와중에 가장 사랑하는 아이돌 사진을 몇 장 샀다. 다소 쓸모없는 것을 샀다는 생각도 들었지만 예전 같으면 눈 뒤집혀서 백 장 살 것을 다섯 장 정도만 샀으니 이왕 산 거 소중히 여기는 마음을 가지리라 생각했다. 하지만 의식주에 딱 필요한 물건만 소유하고 살기애는 가진 것이 없고 너무 가벼운 탓에 훌훌 날아갈 것처럼 휘청이고 쓸쓸했다.

그래서 과감하게 사는 것의 의미 찾기를 포기했다. 지금 이대로 사는 것만으로도 충분히 의미가 있으니까. 물건을 소유하는 것도 너무 이유를 따지며 나 자신을 몰아세우지 않기로 했다. 지금 이 순간 내게 큰 행복을 주는 물건이라면 가질 권리는 충분하니까. 하물며 가장 사랑하는 아이돌의 사진이라면 덕후로서 무조건이다. 스마트폰 한가득 저장되어 있기도 하지만 냉장고에 잔뜩 붙여놓은 맥시멀 러브 존 앞에서 오늘도 웃는다.

미니멀리스트 4년 차, 앞으로도 지금처럼만 해나가길.

당신의 소확행은 무엇?

난 모든 일상이 행복이다

● ● ● ● ● ●

갓 구운 빵을 손으로 찢어 먹는 것,

반듯하게 접은 속옷이 서랍 가득 들어 있는 것,

새로 산 정갈한 향의 셔츠를 입는 것,

부스럭 소리를 내며 고양이가 이불 속으로 들어오는 것,

작지만 확실한 행복, 소확행.

– 무라카미 하루키 –

하루키 선생님 정말 내 사랑, 역시 멋진 말만 한다. 하루키가 말하니 뭔가 멋들어지고 유행처럼 번져 야단법석이다. 실은 우리 모두 어릴 때부터 다들 각자의 소확행(소소하지만 확실한 행복)을 하며 살았는데도 말이다.

요즘은 모든 사람이 자꾸 잊어버리는 것 같다. 나만 해도 내가 누리는 일상의 소소한 기쁨들은 아주 당연한 것으로 여기고, 타인의 삶만 기웃거리며 나 자신의 인생을 불행하게 만들고 있다. 하물며 타인의 진짜 삶도 아닌 보여주기 위한 삶을 보면서 말이다. '난 참 바보처럼 살았군요.' 늘 솔직하다고 주장한 나 역시도 어느 정도는 보여주기 위한 삶을 살아왔다. 쿨한 척, 신경 쓰지 않는 척 하면서.

얼마 전 나는 엄청나게 타인을 의식하는 소심한 사람이란 글을 블로그에 쓴 적이 있다. 그런데 '님이 그럴 리가 없다. 말도 안 된다' 라는 비밀댓글이 너무나 많아서 은근슬쩍 그 글을 지우고 싶을 지경이었다. (내가 제법 쿨한 척을 잘하는가 보다.)

어렸을 땐 다이어리 쓰는 걸 좋아했다. 예쁘고 화려하게 꾸며진 다이어리에 색색의 펜으로 내가 좋아하는 것에 대해 나열했다. 야간자율학습 3시간 동안 내리써도 지치지 않을 만큼 좋아하는 것이 많았다. 대단히 거창한 것들도 아니었다. 비 내리는 일요일 오전이라던가, 딸기우유 같은 핑크빛이라던가, 잘생긴 15번 버스 오빠라던가.

* * *

최근에 내가 좋아하는 걸 다시 써본 적이 있는데 열 개도 쓰지 못하고 펜을 내려놓았다. 게다가 리스트를 훑어보니 제법 허세도 가득했다. 5성급 호텔에서의 하룻밤이라던가, 사이판 수영장에서 마시는 피나콜라 등. 어쩌다 이런 인간이 되어버렸지? 누굴 보여주기 위한 글도 아닌데. 어깨 힘 빼고 다시 생각해보기로 했다.

매일 아침 일어나고 싶은 시간까지 침대 위를 뒹굴 때 행복하다. 한참을 이불 속에서 꼼지락거리다 거실에 나오면 고양이

두 마리가 침실 입구에서 날 기다리고 있다가 각각 다른 옥타브로 야옹, 하고 아침 인사를 건네며 내 다리에 얼굴을 비빌 때 행복하다. 전날 밤 씻어놓은 마른 식기를 찬장에 올려두고 아무것도 없는 깔끔한 싱크대를 보면 행복하다. 소파에 누워 전날 인터넷에 올린 글들에 대한 '좋아요'와 댓글 반응을 훑어보면 광대뼈가 들썩들썩하고, 내가 쓴 글이 재밌어 혼자 까르르댄다. 나는 행복한 사람.

일주일에 사흘 정도는 집에서 혼자 점심을 먹는다. 예쁜 접시에 직접 만든 반찬을 조금씩 담아 먹고, 후식으로 커피 한잔에 달콤한 과자를 먹으며 소파 위를 뒹군다. (내 팔자 최고다.) 어떤 날은 별다른 이유 없이 우울하기도 하고 지겹다는 생각을 하지만 모든 것은 당연한 것이 아니니까.

프리랜서로 밥 벌어 먹고사는 건 말만큼이나 쉬운 일은 아니다. 하지만 그렇게 살고 싶어 나름대로 노력을 했고, 15년 차인 올해야말로 가장 내가 살고 싶은 프리랜서로의 삶을 살고 있다.

* * *

197

엄망진창인 글이라 과연 책으로 낼 수 있을지 몰라도 나의 미니멀 라이프 이야기에 관심 가져주는 편집자를 만나 행복하고, 내가 사랑하는 아이돌을 찬양하는 글을 쓰는 나를 선생님이라고 부르는 수많은 독자를 보면 행복하다. 업무 시간에 달짝지근한 카톡을 종종 보내주는 남편이 있어 행복하고, 퇴근 후에는 잘생긴 얼굴로 퇴근해주니 와아, 쓰다 보니 나는 세상에서 제일 행복한 사람?

나날이 건강은 걱정되지만 나보다 훨씬 부자인 부모님이 계신 것도 정말 행복한 일이다. 뭐 하나 잘난 게 없고 멋대로만 사는 내게 싫은 소리 한 번 안 하는 대인배들. 나는 세상 최고의 행운아다. 이 정도 쓰고 나니 소확행이 아니라 인생 자체가 행운인 것 같은 생각이 든다.

그러나 불만이 넘칠 때는 끝도 없이 불만만 많았다. 낡은 빌라는 겨울에는 춥고 여름에는 더워서 잠을 설치게 하고, 고양이들은 털을 마구 뿜어대서 집안을 지저분하게 만들며, 매일 혼자 차려 먹는 밥은 맛없을 때가 태반이다. 프리랜서 작가를 10년 넘게 했는데도 버는 돈은 적은 것 같고, 연예인 좋아해봤자 이 나

이에 뭐 하는 짓인지 모르겠고, 남편은 툭하면 야근이고, 회사 얘기는 들어주기도 싫다. 그리고 부모님은 왜 점점 나이가 들면서 아픈 거지?

같은 인생도 불만 가득한 마음으로 바라보면 끝없이 불행하고, 감사한 마음으로 보면 충분히 행복한 것 같다. 거창하지 않아도 어때. 내가 살고 싶은 인생에 최선을 다하고 감사하면 그것으로 이미 성공한 인생이니까. 행복한 내 인생에 감사.

지금 내 곁의 당신이 좋아

● ● ● ● ● ●

매일 똑같은 불만을 쏟아내는 사람들의 모임에 굳이 참여해야 할까? 시댁 얘기, 남편 얘기, 회사 상사 욕, 친구의 친구 욕, 모든 게 지긋지긋하다. 삼삼오오 모여 술 한잔하면서 맘껏 욕하고 나면 속 시원한 건 어릴 때나 그렇지.

요즘 들어 그런 술자리에서 돌아오는 길에는 온통 후회뿐이다. 쓸데없는 소리를 했다는 자괴감과 시간 낭비, 돈 낭비, 감정 낭비까지. 물론 모든 모임이 그렇다는 건 아니고, 그저 친목을 위한 친목을 위해 참여하는 자리라면 과감히 정리하는 것도 스트레스를 줄이는 길 중 하나라는 생각이 들었다.

카톡 친구가 일곱 명밖에 남지 않은 지금, 나는 아주 만족스러운 인간관계를 구축하고 있다. 삼백 명이 있을 때나 일곱 명이 있는 지금이나 외로울 때 카톡 친구가 몇 명이던 외로운 건 마찬가지. 다만 괴로운 일은 확실히 줄었다.

정리의 대상은 세월이라기보단 접점인 듯하다. 드라마나 영화를 보면 학창시절 친구가 진정한 친구이고, 대학이나 사회에서 알게 된 친구는 계산적 관계란 식의 표현을 자주 접한다. 그러나 아무리 어린 시절에 만났어도 그 나이 또래 나름의 계산법이 있지 않았나 싶다. 굳이 옛친구를 폄하하는 건 아니지만.

멀리 사는 가족보다 지척의 사람이 가까운 경우가 태반인 건 현재를 살아가는 지금, 내 곁에 있기 때문이다. 과거의 내가 아니라 지금 여기, 이 순간의 나와 대화하고 공유하고 공감하고 있으니까. 알고 지낸 세월보다 얼마나 농도 깊은 대화를 어떤 빈도로 나눴는지가 중요하다고 생각한다. 주제의 수준은 전혀 상관없이.(옛친구들이여 미안. 다시 한번 말하지만 폄하하는 건 절대 아니다.)

　'그때 우리 그랬지.' 머릿속에만 존재하는 공통의 추억을 나누는 것도 분명 소중한 일이다. 다만 과거의 나와 오늘의 나는 같은 사람이면서 다른 사람이고, 앞으로의 나 역시 그러하다. 과거보다 더 나은 내가 됐다고 자신하지는 못하지만, 잊고 싶던 나 혹은 나 같지 않은 나를 기억하는 사람들과는 더는 친구하기 싫고, 친구 관계를 끊은 사람들도 태반이다. 상대 쪽에서 나를 그만두는 경우도 있을 테고.

* * *

    삼십몇 년을 살다 보니 나름 수많은 일을 겪었고, 수없이 많은 선택을 했다. 야간자율학습을 땡땡이치고 떡볶이를 나눠 먹던 그 시절엔 같은 공간에 있었기에 고민도 비슷했다. 하지만 지금의 우리는 서로의 인생과 서로의 고민을 갖고 살며, 서로에 대한 이해는 오해에 지나지 않을 수도 있다. 또 '그 시절의 너는 이랬어' 라고 서로를 은연중에 규정하고 시기하고 질투한다. 적어도 난 그랬다.

    얼마 전 고등학교 친구에게서 연락을 받았다. 반갑긴 하지만 집이 제법 멀어 중간 지점에서 만나려고 해도 한 시간을 가야 했다. 굳이 그렇게까지 만나야 할까 하는 생각도 들고, 하물며 애도 데리고 나온다니 중간이 뭐야, 내가 아예 그 앞으로 가야 할지도 모른다.

    만나서 할 얘기도 불 보듯 뻔했다. 오랜만에 만나서 반갑다고 할 테고, 이제는 기억도 안 나는 고교 시절 선생님 몇몇을 다시 한번 뒷담화 할 테고, 아직 연락되는 몇몇 친구들의 근황을 나눌 것이다.

그 자체로도 충분할지 모르지만 최소한 나에게는 불충분하다. 더 차갑게 말하면 시간 낭비에 가깝다. 그럴 시간에 최근 내가 꽂혀있는 주제에 관심 있는 사람들과 수다를 떠는 게 훨씬 유익한 시간이 될 것이다. 어쩌면 내가 좀 차가운 걸 수도 있지만, 주류가 아닌 인생을 살아서 그런지 아파트를 샀단 이야기도, 학군은 어디가 좋다는 얘기도 나의 관심 분야가 아니다.

* * *

예전에는 만나면 피곤한 사람들에게 먼저 연락이 오면 일단 만났다. 먼저 보자는 소리도 안 하고 만사 귀찮아하는 성격인 걸 알면서도 보자는 말을 해준 게 고마워서 무리했는데, 서로 너무 다른 인생을 살다 보니 일방적으로 얘기만 들어주고 올 때가 태반이었다.

그 시간이 지루하다 보니 과음하게 되고, 돈도 쓰고, 시간도 쓰고, 다음날 컨디션까지 최악. 하물며 상대가 쏟아내는 얘기는 거의 부정적인 얘기라 감정 휴지통이 된 것 같은 기분도 들었다.

툭하면 밥을 잘 사주는 친구가 있는데 그 친구의 경우에는 더더욱 그랬다. 내가 보기에는 완벽에 가까운 삶을 사는데도 무슨 한탄이 그렇게 많은지. '소고기를 사주는 사람을 의심하라. 호의는 돼지고기까지'라는 우스갯소리처럼 비싼 요리들을 사주면서 온갖 부정적인 얘기를 귀가 아플 정도로 떠들어댔다.

그런 날에는 집에 와서 꼭 부부싸움을 했다. 그렇게 가진 게 많은 사람도 더 바라며 남편을 윽박지르는데 난 너무 받아주면서 사는 바보 같기도 해서. 남편이 몇 번이나 네 친구 중엔 너에게 나쁜 영향을 주는 사람이 많은 것 같다는 소릴 해도 늘 욱하기만 했다. '친구가 괜히 친구야? 다 비슷하니 친구지'라면서. 한때는 물론 비슷해서 친구가 됐다. 하지만 이젠 더는 내가 예전에 내가 아닌 것을.

어쨌든 우정도 사랑의 일종이라 미련이 많은 나로서는 깔끔한 이별을 하지 못한 채 지지부진 인연을 이어갔다. 보고 싶지도 않고 관심도 없으면서 먼저 안부를 물은 적도 있고, 만나자고 하면 싫어도 좋다고 한 적도 적잖이 있다.

그러나 이젠 자연스럽게 거절도 하고 몇 번 거절하다 보니 상대도 나를 포기하고. 이러다 모든 친구 다 떨어져 나가는 거 아냐, 싶을 때도 있지만 웬걸. 남을 사람은 남고, 관심 있는 분야를 찾아가면 나와 인연이 되어 줄 사람이 도처에 있다.

　　그러니까, 혹시나 지금도 오랜 인연 때문에 되레 고통받고 있다면 인간관계의 미니멀도 괜찮다. 일단 정리하라. 연락 올 사람은 내가 끊어도 어떻게든 연락이 오기 마련이다. 몇 번이나 차단한 친구가 매번 카톡을 보내는데 뭐가 어떻게 된 건진 모르겠지만 그건 인연인 것으로. 제발 나를 포기해주면 더 좋겠지만.

미니멀 라이프,

그 후에는 어떻게 행복하지?

● ● ● ● ● ●

2016년 7월, 미니멀 라이프 2년 차에 이런 글을 썼다.

* * *

미니멀 라이프를 하면 물건의 유혹에서 벗어나 내가 정말 좋아하는 것을 알게 되고, 자신이 원하는 인생을 살아가게 되었다고들 하는데 정말 궁금해요. 미니멀 후에 어떤 인생을 살고 싶은지, 어떤 나 자신을 발견했는지. 저는 그것 때문에 요즘 가라앉아 있습니다.

2월부터 물건 비우기에 나섰고,(나름대로 정리 잘하고 산다고 생각했는데도) 5백여 개 이상의 물건을 비우고 나눴습니다. 지금 현재 집 상태는 만족입니다.

더는 비우기를 위한 비우기에 집착하지 않기로 했고, 심플한 물건으로 인앤아웃 하는 것도, 물건을 살 때 무조건 죄책감을 느끼는 것도 그만하기로 했습니다. 비우는 동안에는 원치도 않는 잡다한 물건들에 집착하던 나를 알게 되고 반성하는 계기가 되었습니다.

다만 비우는 것은 미니멀의 과정일 뿐이고, 이런 비움의 끝에는 내가 살고 싶은 인생을 발견할 수 있을까(책에서 발견했다고 하니까) 하는 걱정이 생겼습니다. 이런저런 고민이 많네요. 아무래도 잘 모르겠습니다. 단순하게 생각했을 때는 시간적 여유가 있고 조용하게 여행 다니며 살고 싶다, 뭐 이런 것이었는데.

많은 책을 읽다 보니 사회봉사 쪽으로도 결론이 나던데요. 저 역시 기부도 하고 있긴 하지만 그저 면피용인 것 같고, 무엇보다 진정한 기부를 하며 내 인생을 나눌 큰 그릇이 못됩니다.

삼십 대 중반에 와서도 좋아하는 색이 뭐냐는 질문에 당장 대답도 잘 못 하네요. 그렇다고 쭈뼛거리는 성격도 아니고 되레 할 말 시원하게 하는 쿨한 성격이라는 얘기도 많이 듣는데, 지금까지 그냥 휩쓸리듯이 살아온 거 같기도 해요.

늘 보통 이상의 삶을 살아야 한다고, 보통이라는 것에 집착했는데요. 이제는 보통이라는 것은 세상이 만든 틀이 아니라(그런 면도 있지만) 내가 만든 보통이란 틀 안에 나를 가두고 괴롭히고 있었다는 생각이 듭니다.

물건 없이 사는 게 미니멀도 아니고, 보기 좋은 심플한 물건으로 전부 바꾸는 것이 미니멀도 아니며, 돈부터 아끼는 절약이 미니멀도 아닌데. 아니 이 모두가 미니멀의 과정일 수도 있겠죠. 결국은 우리가 미니멀 라이프를 살겠다고 생각한 건 나 자신이 행복해지기 위해서겠죠?

물건 때문에 괴로웠던 사람도 있고, 인간관계 때문에 괴롭던 사람도 있을 테고. 나를 괴롭히는 수많은 것에서 벗어나 내가 원하고 좋아하는 삶을 살고 싶어서 선택한 미니멀 라이프. 그런데 원하고 좋아하는 게 뭔지 몰라서 우울한 요즘입니다.

그렇다고 제 인생을 불만족스럽게 여기는 건 아니에요. 만족하고 감사하며 살아가고 있긴 합니다만 뭔가 명확하지 않다, 그래서 뭐 어떻게 살고 싶은가, 하는 의문이 계속 든달까요. 다들 어떤 삶을 살고 싶으세요? 뭘 좋아하세요?

* * *

넋두리 같이 던진 질문에 정말 많은 댓글이 달렸다. 몇몇 댓글을 소개해보자면.

"저랑 비슷한 고민을 하시네요. 저도 권태기라고 해야 하나. 깨끗해진 집은 만족하는데 물건만큼 마음을 비우는 게 쉽지 않더라고요. 물건처럼 나쁜 생각은 아웃하고, 좋은 생각만 인하면 좋을 텐데. 제가 미니멀을 했던 가장 큰 이유는 돈 때문이었고,

푼돈 모아 태산 스타일이었는데 소비생활의 변화는 큰 수확이었던 것 같아요. 그다음은 성취의 문제였어요. 무언가 성취감을 느끼고 싶은데 지금 상태로는 힘드니 기준치를 내리고 싶었던 게 아니었을까. 그래서 괜히 미니멀이라고 그럴싸하게 포장했나 하는 생각을 하기도 했답니다."(이∗∗)

"저는 제가 꾸민 예쁜 집에서 살고파 미니멀을 시작하게 되었는데, 비우다 보니 그것도 다 헛된 꿈이었다는 걸 알게 되었어요. 지금은 물건들을 비운 후 홀가분한 마음으로 땅을 밟을 수 있는 작은 집으로 이사 하는 것이 제 꿈이 되었네요."(은&&)

"다른 분들 생각이 궁금해서 늦게 댓글 남기는데, 다들 비슷한 고민 중이시군요. 제 주위 분들도 같은 시기에 같은 얘기를 하고 있어요. 그래서 끝은 뭐지, 라고요. 왕창 버리는 재미에 빠져들었다가 더 비울 게 없어지고 미니멀리즘 소강상태에 빠진 후 찾아오는 허탈감. 이게 지금 우리의 상태라고 할까요? 저도 한참 고민 중이에요. 꼭 목표가 있어야 하는 건 아니고, 말 그대로 라이프스타일과 사고방식을 바꾸는 거로 생각하면 될 것 같아요. 일상 속에 스며드는 미니멀리즘. 매사에 단순하게 먹고 사귀고 소비하는 건 추상적인 부분이고, 만약 구체적인 목표가 필요하다면 버킷 리스트처럼 천천히 이루어가면 되지 않을까요. 마흔엔 뭘 한다, 쉰엔 뭘 하고, 죽기 전엔… 이렇게요. 꼭 이루지 못해도 상관없고요. 꿈꾸는 것만으로도 아무 생각 없이 사는 생활보다는 훨씬 가치 있지 않을까 해요."(se****)

"저도 슬럼프가 오더라고요. 비우는 것에 너무 빠져있다가 어느 정도 궤도에 오르니 갑자기 이젠 뭘 하지, 별로 버릴 것도 없는데, 시간이 많이 남는데 등등 허무감이 들었다고나 할까요. 그런데 또 시간이 지나니 자기만의 무언가가 나타나는 것 같아요. 탐색하는 시간을 갖다 보면 자기가 좋아하는 그 무엇이 나타날 거로 생각해요."(보&)

"몇 년 전부터 관심 있던 미니멀리즘을 실천해서 물건은 제 기준으로 간소화되었어요. 소비욕도 많이 줄었고, 경제 관념도 생겼고요. 대신에 밥을 사거나 여행 등 경험하는 건 아깝지 않다는 게 아니라 뭐라도 남는다고 생각하기 시작했어요. 그래서 오래전부터 하고 싶었던 글쓰기나 다이빙, 칵테일 만들기 같은 취미 활동을 본격 시작하기도 했고요. 그런데 미니멀리즘의 종착역은 결국 물건에 가려 보지 못했던 빈곤한 제 내면을 들여다보는 거더라고요. 얕은 인간관계, 헛된 기대, 능력 없는 나와 정면으로 마주하는 이 순간이 사실 괴롭고 힘들어요. 하지만 이제 고여있지 않고 앞으로 나갈 수 있겠다는 생각도 들어요. V 계곡이라고 하면 끝부분에 와 있는 거죠. 쉬었다 또 가면 되겠죠?"(o***)

"초기목표가 성취되니 더는 할 게 없어서 그런 거예요. 저는 제대로 된 미니멀리스트는 아니지만, 내 마음과 사고가 미니멀리스트화 된 게 좋던데요. 물건이 정리되었으면 마음의 정리도 해보시는 게 어떨까요. 전 물욕이 사라지니(특히 옷 욕심, 화장품 욕심) 그 시간에 제가 원래 해야 할 일, 특히 육아에 집중할 수 있게 되니 너무 행복해요. 인간관계, 인터넷, 경제활동도 다 미니멀해지도록 노력했어요. 제 목표는 물건들과 싸움할 시간에 책

213

읽고, 여행계획 짜고, 요리 배우고 공부하며, 아기들과 남편과 잘 놀아주는 거예요. 하고 싶은 일이 너무 많아서 제대로 하는 게 없네요."(애**)

* * *

많은 위로와 격려를 받았다. 지금도 다들 미니멀 라이프 잘하고 있나요? 이 글을 다 쓰는 지금 2018년도 12월에 접어들었다.

내년이면 어느새 4년 차. 많은 시행착오와 부작용에 시달렸지만 그래도 뜻깊은 시간이었다.

이제는 굳이 미니멀 라이프를 한다는 말을 하지 않아도 될 정도로 생활화되었다. 초반처럼 진지한 고민도 하지 않는다. 그저 오늘도 무탈하게 보낼 수 있음에 감사할 뿐이다. 살아 있는 것만으로도 의미가 있는 거니까.

그렇다고 모든 물욕이 사라진 것도 아니다. 가끔은 빚을 내서라도 그럴듯한 내 집을 마련하고 싶고, 지인이 수입차를 사면 좋겠다, 부럽다, 감탄하고 만다.

하지만 전과는 분명히 다른 감정이다. 예전 같으면 그 앞에서는 축하해도 뒤돌아서자마자 잡다한 물건들을 사들이며 스트레스를 풀었는데, 지금은 그 순간이 전부다. 굳이 내게 필요 없는 것을 무리해서 가지려는 수고로운 짓은 더는 하지 않는다.

이제는 이런 질문 자체를 하지 않는다. 미니멀 라이프, 그 후에는 어떻게 행복하냐고? 아마 그 당시엔 미니 멀라이프를 정리에 가까운 개념으로 이해하고 있었을지도 모르겠다. 저 질문은 '이번 생 이후에는 어떤 삶을 살지?'라는 질문과 비슷하다.

지금 현재의 내 인생을 하루하루 소중히 여기며 최대한 내가 살고 싶은 대로 사는 것. 그게 내 미니멀 라이프가 추구하는 길이다. 오늘도 내 마음대로 즐겁게 살아봐야지. 이대로 충분!

2019년 미니멀 라이프 4년 차, 마무리

　미니멀 라이프 책을 출간하겠다고 결심한 동시에 고민도 컸다. 어떤 이야기를 나눌 수 있을까. 활자 낭비, 자원 낭비, 시간 낭비, 재원 낭비나 되지 않을까 걱정도 많았지만 하고 싶어서 결국 하게 됐다. 하고 싶으면 어떻게든 하는 것이 좋다. 내가 진심으로 원하는 일이라면.

　하고 싶지도 않은데 남들이 하니까, 갖고 싶지도 않은데 남들이 가졌기 때문에 여러 가지 고민에 늘 시달렸다. 애써 쿨한 척하느라 카드를 탕진하며 스스로 토닥였다. 이제는 그런 물질적 위로는 필요치 않다. 진짜 내가 살고 싶은 인생을 살기 위해 최대한 노력하고 있으니 가끔 후회할 일이 생겨도 나의 선택이니 별수 없다 싶다.

엄마는 매번 나를 보고 감탄한다. 무당집처럼 현란한 인테리어에 제사상 차리듯 많은 물건을 쌓아두고 살던 네가 어떻게 이렇게 되었는지 신기하다고 말이다. 남편은 나를 보며 사람은 절대 변하지 않으리라 생각했는데 네가 산 증인이라며 박수를 보내준다.

그리고 예전에는 진심 구제 불능이라 포기하고 살았다는 촌철살인도 잊지 않는다. 같이 물건을 섞기도 싫었다나? 어이가 없다. 친구들은 더더욱 믿지 않았다. 뭐든 사겠다는 소리만 하던 내가 뭐든 사지 마, 라고 하니 기가 막힐 노릇이라고 한다.

나 자신도 놀랍다. 물론 마법처럼 하루아침에 변하진 않았다.(무려 몇 년이 지난 거야?) 다만 포기하지 않으려고 했다. 노력 따윈 하지 않았다고 했지만 실은 포기하지 않으려 노력했다. 어떤 물건을 비울지에 대한 고민에서 어떤 인생을 살고 싶은지에 대한 고민까지 끊임 없이 묻고 답했다.

거창한 해답 같은 건 없다. 원래 내가 살던 대로 살면 그만이다, 다른 사람들 인생 따위 모르겠다, 라고 외친다. 난 내 마음대로 살 거고, 있는 그대로 행복하다.

잊을만하면 방송에서 인터뷰 요청이 들어온다. 12월에는 SBS 스페셜에서도 연락이 왔다. 2018년 마무리 방송을 준비 중인데 주제는 돈이란다. 정말 미니멀 라이프를 하고 돈에 대한 개념이 바뀌었는지 궁금하다나?

예전에는 입만 열면 돈타령을 했다. 미래를 걱정하면서도 어차피 인생은 한 번이라며 온갖 잡다한 것들을 사들였다. 이제 생각하면 그렇게 미래가 걱정이었다면 한 푼이라도 남겨두면 되는데 그렇게 하지 않았다. 티끌 모아 티끌이라는 말을 신봉하면서.

지금도 돈 잘 벌고 투자 잘하는 사람과 비교하면 티끌일진 몰라도 몇천만 원 정도의 티끌이 생겼다. 꾸준히 이렇게 해나간다면 노후에도 가끔 삼겹살을 구워 먹을 수 있을 것 같다는 희망도 보인다. (이왕이면 소고기도 먹고 싶다.)

미니멀 라이프를 통해 카드값을 청산하고 저축 습관도 생긴 건 분명 좋은 일이다. 하지만 이건 부수적인 문제다. 가장 중요한 건 나 자신을 알게 된 것과 어떤 인생을 살고 싶은지 진지하게 고민하게 된 것. 그리고 내 인생 자체를 사랑하게 된 것. 내가 사랑하는 월드 아이돌이 늘 외치듯,

"Love my self! You can't stop me lovin' myself."

앞으로의 미니멀 라이프도 나 자신을 아끼며, 내 인생에 집중하는 삶을 사는 것에 초점을 맞출 생각이다. 이대로 충분한 인생에 감사를. 마음대로 살고 있지만 무탈한 인생에 감사를. 이런 나를 사랑해주는 사람들에게 감사를.

초판 1쇄 2019년 8월 10일

지은이   정우빈

펴낸곳   싱글북스
발행인   문선영
주소   서울시 중구 을지로 14길 20, 5층 출판그룹 한국전자도서출판
홈페이지 www.koreaebooks.com / www.singlebooks.co.kr
이메일   contactl@koreaebooks.com
전화   1600-2591
팩스   0507-517-0001
원고투고 edit@koreaebooks.com
출판등록 제 2017-000078호

ISBN   9791196676612 (03330)

싱글북스는 출판그룹 한국전자도서출판의 출판 브랜드입니다.